Adrian Peter
Die Fleischmafia

Adrian Peter

Die Fleisch- mafia

Kriminelle Geschäfte mit
Fleisch und Menschen

Econ

Econ ist ein Verlag der Ullstein Buchverlage GmbH

ISBN-13: 978-3-430-30013-1
ISBN-10: 3-430-30013-4

Umschlaggestaltung: Etwas Neues entsteht, Berlin
Umschlagmotiv: Etwas Neues entsteht, Berlin
Autorenfoto Umschlagklappe: Jörg Puchmüller
Redaktionsschluss: 25. 8. 2006
Gesetzt aus der Janson Text bei
Pinkuin Satz und Datentechnik, Berlin
Druck und Bindung: Clausen & Bosse, Leck
Printed in Germany

Inhalt

Erfolgskonzept Qualität!
Den Fleischmarkt transparent und nachhaltig gestalten

Ein Vorwort von Renate Künast

»Die Fleischmafia« deckt auf, wie es in Deutschland zu den jüngsten Fleischskandalen kommen konnte. Es geht um unhaltbare hygienische Zustände in Betrieben, um verschimmelten Schlachtmüll, der als Würstchen und Dönerfleisch in Umlauf gebracht wurde oder um Salmonellen im Wildfleisch. Und es geht um Lohndumping bei Schlachtereien und Fleischzerlegern aus Osteuropa, die unter teilweise unwürdigen Bedingungen in Deutschland arbeiten.

Ohne Nahrung können wir nicht leben. BSE, Gammelfleisch und andere Lebensmittelskandale haben das Bewusstsein der Verbraucherinnen und Verbraucher für Lebensmittel – unsere »Mittel zum Leben« – geschärft. Viele legen Wert auf Qualität und wollen wissen, woher ihre Lebensmittel stammen, wie sie erzeugt und verarbeitet wurden. Quälerische Formen der Tierhaltung entsprechen genauso wenig dem, was wir von den Produzenten erwarten, wie Sozialdumping bei Arbeitern und Angestellten.

Gleichzeitig fühlen sich viele Verbraucherinnen und Verbraucher verunsichert und ausgeliefert. »Die Fleischmafia« zeigt, dass immer weniger große Konzerne Produkte verkaufen wollen, ohne den Verbraucherinnen und Verbrauchern zu sagen, wo und unter welchen Umständen diese Produkte hergestellt wurden.

Polnische oder rumänische Arbeiter schuften zwölf bis 16 Stunden an den Schlachtbändern, Stundenlöhne von einem bis drei Euro scheinen in der Fleischbranche normal – und selbst diese werden nicht immer ausgezahlt. In »Die Fleischmafia« gibt es eine Szene, die das verdeutlicht: Eine ärmliche Behausung in einem kleinen Dorf im Osnabrücker Land, hier teilen sich sechs Mann ein Zimmer, es gibt eine Toilette für ein Dutzend Arbeiter. Die Situation eskaliert schließlich, weil die Männer aus Rumänien über Wochen ihren ohnehin viel zu niedrigen Lohn nicht ausgezahlt bekommen. Als sie sich weigern, weiter zu arbeiten, wird der Streik von angeheuerten Schlägern mit Baseballschlägern niedergeschlagen.

Menschenhandel und unwürdige Arbeitsbedingungen gibt es nicht nur in weit entfernten Entwicklungs- oder Schwellenländern, sondern mitten in der EU, mitten in Deutschland. »Die Fleischmafia« legt den Finger auf die Wunde und verdeutlicht, wie dringend wir EU-weit tätig werden müssen, um hohe und einheitliche Arbeits- und Sozialstandards in der gesamten EU herzustellen.

Wir brauchen auch mehr Transparenz und Demokratie im globalen Ernährungsgeschäft – in der Fleischbranche mangelt es an beidem! Denn die Ursache der Fleischskandale liegt ja nicht nur bei einzelnen schwarzen Schafen, vielmehr gibt es deutliche strukturelle Defizite der Fleischwirtschaft: Die Billigpreisstrategie des Handels und der Verarbeitungsindustrie hat einen Nährboden für kriminelle Machenschaften geschaffen, der durch die Macht der Verbraucherinnen und Verbraucher oder durch bessere Kontrollen allein nicht verhindert werden kann.

Was wir brauchen ist eine neue Struktur in der Fleischwirtschaft, weg von Billig-Produktion hin zu mehr Qualität! Das setzt eine nachvollziehbare Produktion mit tiergerechter Haltung und kurzen Wegen voraus. Das heißt auch, dass die

Verwertung des ganzen Tieres wieder in den Vordergrund rücken muss – und nicht der Handel mit Schlachtresten und -abfällen!

Der ökologische Landbau kann hier Vorreiter für die Fleischindustrie sein. Er setzt konsequent auf Transparenz, Qualität und artgerechte Tierhaltung. Dazu kommt ein ausgewogenes und nachvollziehbares Kontroll- und Qualitätssicherungssystem, durch das die stufenlose Rückverfolgbarkeit sichergestellt wird – vom Bauernhof über die Verarbeitung bis an die Ladentheke. Das nutzt auch der Fleischindustrie, die so den Verbraucherinnen und Verbrauchern ein sicheres und fair erzeugtes Produkt anbieten und dies auch dokumentieren können.

Hier schließt sich der Kreis zum Verbraucher, denn nur dann, wenn Nachvollziehbarkeit, Kontrolle und Transparenz gewährleistet sind, lassen sich auch höhere Preise rechtfertigen und auf dem Markt umsetzen. Die Fleischskandale haben das Vertrauen der Verbraucherinnen und Verbraucher in Hersteller und Behörden in letzter Zeit massiv erschüttert.

Aber auch die Bürgerinnen und Bürger können und müssen sich mehr um ihre Lebensmittel kümmern, wenn sie neue Skandale vermeiden wollen. Mit dem Einkaufskorb lässt sich sehr effektiv Politik machen! Denn wir alle entscheiden mit unseren Einkäufen jeden Tag aufs Neue darüber, wie unsere Lebensmittel hergestellt werden.

Bis heute gibt es in Deutschland kein ernstzunehmendes Recht der Verbraucherinnen und Verbraucher auf Information. Das hat zur Folge, dass die Öffentlichkeit meist nicht erfährt, wer in Skandale verwickelt war und wo konkrete Informationen erfragt werden können. Für Transparenz und aufgeklärte Verbraucherinnen und Verbraucher ist eine vernünftige Informationspolitik unabdingbar. Denn wenn

Qualität nicht erkennbar ist, wird nur noch »billig« gekauft. Meine Zeit als Ministerin hat mir gezeigt, dass Qualität und Erfolg im 21. Jahrhundert ebenso zusammen gedacht werden müssen, wie Ernährungspolitik und Verbraucherschutz.

Renate Künast
MdB, Fraktionsvorsitzende Bündnis 90/Die Grünen

Kriminelle ohne Skrupel –
Politiker ohne Mut

Ja, ich esse noch Fleisch, sogar ausgesprochen gern. Wenn ich z. B. in der Kantine des Südwestrundfunks eine Currywurst bestelle, will ich nicht die vegetarische aus Tofu, ich will die richtige bitte!

Und ein medium gebratenes Filetsteak vom Rind ist für mich nach wie vor ein unvergleichlicher Genuss. Ich wüsste kaum ein hochwertigeres Lebensmittel. Ich bin nun mal ein Mensch und damit ein Fleischfresser!

Ich schicke dies vorweg, weil mich immer wieder Leute in der letzten Zeit gefragt haben, ob es mir noch schmeckt und was für Fleisch sie selbst eigentlich noch ohne Bedenken essen können.

Nun, essen können wir fast alles, was uns die Fleischindustrie serviert, ohne daran zu sterben. Aber wir müssen uns darüber klar werden, dass wir von dieser Industrie häufig als Verbraucher gnadenlos betrogen und degradiert werden: vom genussvollen Esser zum würdelosen Fresser.

Vermutlich habe auch ich bereits etliches vergammeltes Fleisch konsumiert, ernsthaft daran erkrankt bin ich bislang nicht.

Die meisten Tricksereien mit Fleisch fallen in den Bereich der »Ekelerregung«, schwerwiegende gesundheitliche Gefährdungen sind tatsächlich eher die Ausnahme. Zur Panik sehe ich insofern keinen Anlass. Dennoch finde ich, dass der Verbraucher ein Recht darauf hat, dass Produkte, selbst wenn sie billig angeboten werden, in Ordnung sind. Dass das in Deutschland längst nicht selbstverständlich ist, zeigen ernüchternde Zahlen der Lebensmittelüberwachung. Die Zahlen, die das niedersächsische Landesuntersuchungsamt LAVES, in seinem Tätigkeitsbericht 2004 nennt, legen den Verdacht nahe, dass es beim Fleisch mit dem Verbraucherschutz nicht zum Besten steht: Von 2990 untersuchten Proben von Fleisch oder Fleischerzeugnissen wurden 879 beanstandet. Das ist fast jede dritte. Bemängelt werden harmlose Auszeichnungsfehler, aber auch Überlagerung, Schimmel und Gammel. Auch die Mindesthaltbarkeit wird dem Bericht zufolge oft überschätzt: 55 Prozent der untersuchten Proben erreichten nicht das auf der Packung angegebene Mindesthaltbarkeitsdatum. In einem Land, in dem seit der BSE-Krise Verbraucherschutz weit oben auf der politischen Agenda steht, ist das erstaunlich: Man stelle sich vor, der TÜV würde an jedem dritten Auto Mängel entdecken oder jedes dritte Elektrogerät würde mit Mängeln an die Verbraucher verkauft.

Im Frühsommer 2003 schrieb ein Zuschauer an das ARD-Politikmagazin REPORT MAINZ, für das ich damals noch als freier Mitarbeiter tätig war. Der Mann, der sich an uns wandte, beschrieb, wie rumänische Arbeiter in deutschen Schlachthöfen zu Hungerlöhnen ausgebeutet würden und dass im Gegenzug reihenweise deutsche Schlachter und Zerleger ihre Jobs verlieren würden, weil sie zu teuer seien. Er hoffte, dass REPORT MAINZ, weil es in dem Ruf stehe, sich für berechtigte Anliegen stark zu machen und die nötige publizistische »Durchschlagskraft« habe, etwas bewegen könnte.

Dies war lange, bevor das Thema im Frühjahr 2005 schlagartig Konjunktur bekam und über Monate auf der politischen Agenda ganz oben stand.

Ohne irgendein Wissen oder ein Vorurteil über die Branche, ging ich seinen Hinweisen nach. Es sollte sich herausstellen: Der Mann hatte Recht! Die Gewerkschaft Nahrung-Genuss-Gaststätten (NGG) bestätigte mir, wovon man zu diesem Zeitpunkt noch nie gehört hatte: Große Fleischfirmen entlassen zu Tausenden deutsche Mitarbeiter. Sie werden durch Rumänen, Ungarn oder Letten ersetzt, die oft unter erbärmlichen Bedingungen arbeiten und ausgebeutet werden. Angelockt mit falschen Versprechungen, kommen sie nach Deutschland und erleben das, was ein Rumäne mit den Worten auf den Punkt bringt:

»Alle haben Angst kann ich sagen, alle haben Angst, wenn du viele Fragen hast, Chef sagen morgen nach Hause gehen und wenn du willst hier bleiben, dann ohne Fragen, es ist wie in Knast. Alle sind Sklaven, alle Sklaven.«

Ein Sklavenhandel mitten in Deutschland?

Markus Dieterich von der Gewerkschaft NGG spricht von »einem Menschenhandel, wie wir es von der Prostitution kennen.« »Es hat mafiöse Strukturen«, sagt Bernard Südbeck, Staatsanwalt in Oldenburg, der seit Jahren gegen die Männer ermittelt, die die Lebensmittel produzieren, die täglich bei uns auf dem Tisch landen. Die Fleischbranche, und davon war ich selbst überrascht, ist in einem Maße für Kriminalität anfällig, wie man es sonst eher aus dem Rotlichtmilieu kennt: Gewerbsmäßiger Betrug, Körperverletzung, illegaler Waffenbesitz, Menschenhandel, Dokumentenfälschungen, Drogenhandel, Brandstiftung sind nur einige der Delikte, auf die ich im Laufe der Jahre bei meinen Recherchen stieß. Begangen von Leuten, die »große Nummern« im Geschäft mit Fleisch waren oder bis heute noch sind. Unternehmen mit Weltruf sind ebenso verwickelt, wie kleine Klitschen, die für sie arbeiten.

Vor diesem Hintergrund verwundern die immer wieder ans Licht kommenden Lebensmittelskandale kaum noch. Wer sich mit der Fleischbranche beschäftigt, wird feststellen: In dieser Branche dreht sich alles um Geld, um schnelles

Geld. Ein soziales Gewissen, das zeigt die oft gnadenlose Ausbeutung von osteuropäischen Arbeitern, gibt es bei den wenigsten Fleischbossen. Dass sie verantwortungsvoller mit dem Produkt Fleisch oder dem Verbraucherschutz umgehen als mit ihren Leuten, ist insofern kaum zu erwarten.

In den Diskussionen um Fleischskandale werden häufig die Verbraucher selbst dafür verantwortlich gemacht, dass sie heute schlechte Qualität, im schlimmsten Fall Gammelfleisch, auf den Tisch bekommen. Fleisch sei in Deutschland angeblich zu billig, heißt es oft. Das ist schwer zu glauben, wenn man sieht, in welchem Luxus manch Fleischbaron oder Subunternehmer schwelgt. Teure Autos und Rennpferde zu sammeln, gehört in der Subunternehmerszene zu den beliebtesten Hobbys. Offenbar lässt sich mit der leicht verderblichen Ware Fleisch, wenn man es richtig anstellt, immer noch ein »Schweine«-Geld verdienen.

Jedes Mal, wenn die Medien über Fleischskandale berichten, ist immer das gleiche Ritual zu beobachten: Zunächst sind Verbraucherschutzminister und Politiker empört über die Machenschaften der Übeltäter. »Null Toleranz gegenüber denen, die das Vertrauen der Verbraucher mit Füßen treten«, forderte Bundeskanzlerin Angela Merkel im November 2005 vor dem Hintergrund der Gammelfleischskandale. »Jeder Fall ist einer zu viel. Den schwarzen Schafen muss ausnahmslos das Handwerk gelegt werden«, erklärte Bundeslandwirtschaftsminister Horst Seehofer und legte einen 10-Punkte-Plan vor, der Gammelfleischskandale künftig verhindern soll. In Nordrhein-Westfalen wollte man sich damit nicht begnügen, hier legte Verbraucherschutzminister Eckhard Uhlenberg sogar einen 15-Punkte-Plan vor. Außerdem hat Horst Seehofer den Entwurf eines Verbraucherinformationsgesetzes vorgestellt und damit eine seit langem bestehende Forderung von Verbraucherschützern erfüllt.

Ist damit ein Ende der Fleischskandale abzusehen? Ermittler, Verbraucherschützer und Gewerkschafter, die sich seit Jahren mit der Branche auseinandersetzen, haben ihre Zweifel. Denn an den grundsätzlichen Strukturen in der Branche änderten auch verbesserte Kontrollen und schärfere Meldepflichten wenig. Nur ein Beispiel: Lebensmittelbetriebe, denen vergammeltes Fleisch angeboten wird, sollen künftig verpflichtet werden, dies den Behörden zu melden. Wenn sie aber selbst Teil des illegalen Geschäfts sind, d.h. von den niedrigen Preisen des Gammelfleisches profitieren, ist kaum davon auszugehen, dass sie ihre Lieferanten ans Messer liefern.

Auch das Verbraucherinformationsgesetz wird nach Einschätzung von Kritikern ins Leere laufen. So sollen Verbraucher zwar künftig das Recht haben, von Behörden zu erfahren, welche Firmen unerlaubte Stoffe in Verkehr bringen, doch wenn es sich bei den Informationen um Betriebsgeheimnisse handelt, können die Behörden die Information verweigern. Bis heute weigert sich zum Beispiel das Bundesamt für Verbraucherschutz, Namen von Firmen zu nennen, die in großem Stil illegale Wasserbinder eingesetzt haben, um das Fleischgewicht mit Wasser zu erhöhen. Ein Betrug in großem Umfang, gegen den sich der Verbraucher, so lange er keine Firmennamen kennt, nicht zur Wehr setzen kann. Dass das geplante Verbraucherinformationsgesetz daran etwas ändern wird, ist zu bezweifeln.

Auch an den amtlichen Kontrollen wird sich wohl nichts Grundsätzliches ändern. Zwar will Seehofer mit den Länderkollegen erörtern, wie man die Kontrollen verbessern könnte, doch das Grundproblem, auf das Ermittler immer wieder hinweisen, wird nicht angegangen. Die amtlichen Kontrolleure sind Angestellte der Landkreise. Und die stehen oft in einem Interessenkonflikt und sind wirtschaftlich erpressbar. Sind die Kontrollen zu streng, drohen Firmen abzuwandern in Landkreise, die für laschere Kontrollen bekannt sind.

Insofern ist es kein Wunder, dass der Verband der Fleischwirtschaft den 10-Punkte-Plan Seehofers lobt. Der Verband habe ein Interesse daran, dass die »schwarzen Schafe«, die vorsätzlich gegen das Lebensmittelrecht verstoßen, keine Chance haben und hart bestraft werden.

Solange aber in die grundsätzlichen Strukturen in der Fleischwirtschaft nicht eingegriffen wird, wird sich nichts ändern, warnen Gewerkschafter und Ermittler. Die häufig kriminellen Subunternehmerstrukturen in den Firmen begünstigen Hygienemängel und Tricksereien mit Fleisch. Dass heute in manchen Firmen fast ausschließlich firmenfremde osteuropäische Dienstleister die Arbeit an den Bändern machen, ist das Kernproblem der Branche. »Von Arbeitern, die zwischen 12 und 18 Stunden täglich bei Stundenlöhnen zwischen 1,50 Euro und 4 Euro schuften und die in häufig verwahrlosten Unterkünften hausen müssen, kann man kaum erwarten, dass sie sich mit dem Lebensmittelhersteller identifizieren, geschweige denn mit dessen Produkt«, heißt es in einer Stellungnahme der Staatsanwaltschaft Oldenburg, die wohl die meisten Fleischskandale der vergangenen Jahre aufgedeckt hat. Den Zusammenhang zwischen vergammeltem Fleisch und dem Einsatz illegal beschäftigter Osteuropäer konnten Kontrolleure zuletzt bei Berger-Wild beobachten. Nachdem schon 2004 erhebliche Hygienemängel festgestellt wurden, räumte der Unternehmer selbst ein, dass ein Großteil seiner Beschäftigten gerade im Hinblick auf Hygiene nicht ausreichend qualifiziert sei. Es waren Mitarbeiter, die Berger über einen Subunternehmer aus Ungarn angeheuert hatte.

Sowohl die Oldenburger Staatsanwaltschaft als auch die Gewerkschaft Nahrung-Genuss-Gaststätten (NGG) fordern deshalb seit Jahren, den Einsatz firmenfremder Subunternehmer im Fleischgeschäft ganz zu verbieten. Doch so regelmäßig diese Forderung gestellt wird, so regelmäßig wird sie von Politik und Fleischwirtschaft überhört.

Fleisch und Fußball:
Die Geschäfte des Tönnies-Konzerns

16. 12. 2005, Rheda-Wiedenbrück. Der Tönnies-Konzern hat zur feierlichen Einweihung seines neuen Kühlhauses eingeladen. Der monströse quadratische Bau ist schon von weitem auszumachen, er überragt alle anderen Gebäude auf dem Firmengelände. Im Inneren: modernste Kühlhaustechnik. Computergesteuert sortieren in dem menschenleeren Lager Hebeanlagen und Fließbänder tonnenweise auf Paletten gestapeltes abgepacktes Fleisch in die vorgesehenen Regale. Eine Millioneninvestition in einer Region, in der es außer Landwirtschaft und Viehzucht kaum Industrie gibt. Deshalb sind an diesem Vormittag alle gekommen, die Rang und Namen haben: der Bürgermeister, der Landrat und selbst Nordrhein-Westfalens Landwirtschafts- und Verbraucherschutzminister Eckhard Uhlenberg (CDU), daneben eine Vielzahl Fach- und Lokaljournalisten nebst Fotografen und Kameraleuten. Ein Tross von gut dreißig Personen in weißen Schutzanzügen mit Mundschutz zwängt sich durch die Hygieneschleusen. Allen voran schreitet Konzernchef Clemens Tönnies. Er ist in seinem Element. Souverän beantwortet er jede Frage, parliert gut gelaunt über seinen Konzern und den Fleischmarkt im Allgemeinen.

Gammelfleisch ist in diesen Tagen das beherrschende Thema in den Medien. Es vergeht kaum ein Tag, an dem nicht in irgendeinem Kühlhaus der Republik Fleisch mit abgelaufenem Haltbarkeitsdatum gefunden wird. Verbraucherschutz steht

19

auf der politischen Tagesordnung ganz oben. Als Verbraucher-schutzminister in NRW muss sich Eckhard Uhlenberg mit einer ganzen Reihe von Skandalen in seinem Zuständigkeits-bereich herumschlagen. Zuletzt mit den Machenschaften des Gelsenkirchener Fleischhändlers Uwe D. Die »Bild«-Zeitung berichtet täglich über neue Machenschaften des »Gammel-fleisch-Prinzen«, der von Gelsenkirchen Kunden aus halb Europa mit vergammelten Restposten versorgt habe.

Uhlenberg sieht eine ganze Branche zu Unrecht in Verruf. Er zeigt sich beeindruckt von dem neuen Tönnies-Kühlhaus. Die Millioneninvestition, davon ist der Minister überzeugt, wird am Ende dem Verbraucherschutz dienen. Er schwärmt von der lückenlos nachvollziehbaren Vermarktungskette, für die der Tönnies-Konzern stehe: Von der Schlachtung über die Zerlegung und Lagerung sei hier alles in einer Hand. Das neue Kühlhaus, ein wichtiger Baustein für mehr Transparenz im Fleischmarkt. Vagabundierendes Gammelfleisch, wie es derzeit fast täglich in irgendeinem Kühlhaus der Republik gefunden wird, werde so am besten verhindert: »Deswegen bin ich auch sehr gerne heute morgen gekommen, um an-hand dieses Betriebes hier und dieser Investition deutlich zu machen: meine Damen und Herren, dass es natürlich auch anders geht!«, betont er in seiner Ansprache.

Zur Fleischwirtschaft pflegt Eckhard Uhlenberg von jeher engste Kontakte. Bis 1995 war er Mitglied im Aufsichtsrat von West-Fleisch, Deutschlands drittgrößtem Fleischver-arbeiter. Bis zur Übernahme seines Ministeramtes blieb er im Aufsichtsrat der West-Fleisch-Finanz AG, einem Toch-terunternehmen des Konzerns. Wenig verwunderlich, dass der Minister beim Verbraucherschutz auf Unternehmer wie Tönnies setzt und ihnen demonstrativ den Rücken stärkt.

Der Tönnies-Konzern hat sich zu Deutschlands zweitgröß-tem Fleischverarbeiter gemausert. Tönnies zählt heute zu den Top 5 der europäischen Fleischbetriebe. Der Konzern beeindruckt mit gigantischen Zahlen: 10 Millionen Schweine im Jahr werden an drei Standorten in Deutschland geschlachtet, zerlegt und vor allem für die großen Handelsketten verpackt. Im Stammwerk Rheda-Wiedenbrück sind es allein 20 000 Schweine am Tag. Frühmorgens reiht sich hier Lastwagen an Lastwagen, kilometerlang. Die Luft ist erfüllt vom Quietschen und Grunzen der eingepferchten Tiere. Schweinemäster aus ganz Deutschland liefern Nachschub. Zu den Kunden gehören die großen Handelsketten: LIDL, ALDI und REWE. Sie kaufen Tönnies-Fleisch ebenso wie McDonald's. Nach eigenen Angaben arbeiten für den Konzern rund 6000 Menschen, fast 2000 alleine im Stammwerk in Rheda-Wiedenbrück. Im Jahr 2005 hat der Konzern 2,8 Mrd. Euro erwirtschaftet, und nach dem Willen von Konzernchef Clemens Tönnies soll der Fleischriese weiter wachsen: Im kommenden Jahr soll in Rheda-Wiedenbrück eine eigene Rinder-Abteilung aufgebaut werden.

Es ist eine Aufsteigergeschichte. Vor dreißig Jahren hatte Bernd Tönnies das Unternehmen mit 20 Mitarbeitern gegründet. Zwölf Jahre später stieg sein Bruder Clemens Tönnies in den Betrieb ein. Zusammen bauten die Tönnies-Brüder ihr Fleischimperium immer weiter aus. Seit dem Tod von Bernd Tönnies 1994 gibt Clemens Tönnies im Konzern den Ton an. Schon damals arbeiteten 2000 Menschen für den Konzern. Nach dem Tod seines Bruders gelang es Clemens Tönnies, sich das Image eines Vorzeigeunternehmers zuzulegen. In einem Unternehmerporträt des BDI heißt es über ihn: »Ein Visionär, der seine Träume umsetzt!« Tönnies gehöre zu den »innovativen Unternehmern«, die auch in schwierigen Zeiten ihr Personal gehalten hätten. Fast schon hymnisch wird Clemens Tönnies' Verhältnis zum Produkt Fleisch beschrieben:

»Das Tier wird als Mitgeschöpf angesehen und auch so behandelt. Tönnies garantiert die Güte des Fleisches durch alle Produktionsstufen. Seit Jahren ist er Vorreiter in Sachen

Verbraucherschutz, will den Kunden über die Herkunft der Ware informieren.« Von »ganzheitlichem Qualitätsdenken«, »transparenter Qualitätsfleischgewinnung«, »Informationsaustausch in allen Bereichen vom Landwirt zum Verbraucher« ist die Rede.

Wer sich und sein Unternehmen so präsentiert, kann sich schlechte Presse nicht leisten. Deshalb spricht der Konzernchef gern und viel über »Transparenz«, wenn es um Fleischproduktion geht. Er rühmt sich damit, dass etliche Besuchergruppen, Kamerateams und Journalisten sein Werk in Rheda-Wiedenbrück besuchten und sich selbst ein Bild von der vorbildlichen Produktion machen konnten. Bis zu 15 000 Menschen wurden durch das Werk geführt. Und Tönnies selbst kann über Bildschirme in seinem Büro die Schlachtung der Tiere »live« beobachten.

Wenn Clemens Tönnies auf die Fleischskandale der vergangenen Monate angesprochen wird, findet er markige Worte: »Wissen Sie, wenn Sie ein Unternehmen führen, das Transparenz lebt und Qualität – und lesen dann in der Zeitung oder erleben die Berichte, von Leuten, die skrupellos mit Gammelzeug rumhandeln, da hab ich kein Verständnis für. Man muss die schwarzen Schafe rausventilieren und drakonisch bestrafen, dafür bin ich!«

So klingt einer, der es gewohnt ist, hart durchzugreifen, und in diesem Ruf steht Tönnies nicht nur als Fleischproduzent. Auch bei »Schalke 04« geht kaum etwas ohne Tönnies. Als Aufsichtsratchef des Fußballvereins machte Tönnies zuletzt Schlagzeilen, als er die Ablösung von Schalke-Coach Ralf Rangnick durchsetzte. Nachdem Schalke-Manager Rudi Assauer im Frühjahr 2006 auf einstimmigen Beschluss des Aufsichtsrats gehen musste, gilt Tönnies als einflussreichster Mann im Verein. Zumal der Verein auch finanziell bei Tönnies in der Kreide steht. Dem Berliner Tagesspiegel bestätigte Clemens Tönnies: »Um Engpässe zu verhindern, habe ich meinem Verein fünf Millionen Euro geliehen.« Die Verflechtung zwischen dem Fleischkonzern und dem Fußballverein ist eng. Schalke 04-Finanzvorstand Josef Schnusenberg ist Steuerberater der B+C Tönnies. Nach dem Tod von Bernd Tönnies war er unter anderem als Nachlassverwalter für die Erben tätig.

Die »Sport-Bild« widmet Clemens Tönnies im Dezember 2005 eine Doppelseite. Im Interview geht es um Schalke, doch die Zeitung bringt ihren Lesern vor dem Hintergrund der anhaltenden Gammelfleischskandale auch den Fleischfabrikanten Tönnies nahe. Sie zeigt ihn posierend im weißen Kittel vor Schweinehälften. Dem »Herrn über acht Millionen Schweine« sei »der Fleischskandal mächtig auf den Magen geschlagen«, ist zu lesen und Tönnies lässt sich zitieren: »Eine riesige Sauerei. Das bringt die ganze Branche in Verruf.«

»Alles Gute für mich!« – Gammelfleisch bei Disselhoff-Sachsenkrone

13. 12. 2005, Brandenburg. Rund 400 Kilometer weiter östlich ist der Sitz der Firma Disselhoff-Sachsenkrone. Eine hundertprozentige Tönnies-Tochter. Clemens Tönnies ist einer von zwei Geschäftsführern. Disselhoff ist ein Fleischverarbeiter, selbst geschlachtet wird hier nicht. Das Fleisch wird eingekauft, entweder im Mutterhaus in Rheda-Wiedenbrück oder von anderen Lieferanten. An den Disselhoff-Bändern werden dann gefrorene Nacken- und Schulterstücke, Puten oder Rumpsteaks zu Fertiggerichten verarbeitet. Das Hauptgeschäft macht das Unternehmen mit mariniertem Fleisch, das während der Grillsaison in den Regalen von ALDI, LIDL

oder REWE zu finden ist. Das meiste wird unter dem Namen Tillman's verkauft (Werbeslogan: »Alles Gute für mich!«), eine Handelsmarke von Tönnies, benannt nach der Nummer zwei im Tönnies-Konzern, dem Geschäftsführer Josef Tillmann.

Im Herbst 2005 kommt das Werk ins Gerede. Klaus Grabitz, der bei Disselhoff für die Reinigung der Maschinen zuständig gewesen ist, erhebt öffentlich schwere Vorwürfe. Bei Disselhoff würde massenhaft »abgelaufenes«, vergammeltes Fleisch neu verpackt, mariniert und mit neuem Haltbarkeitsdatum wieder in den Verkehr gebracht. Das passt so gar nicht zum Image, das der Tönnies-Konzern sonst so gerne verbreitet.

Nach eigenen Aussagen hatte Grabitz intern immer wieder auf Hygienemängel und vergammeltes Fleisch hingewiesen. Doch ohne Erfolg. Das Unternehmen bestreitet heftig die Vorwürfe. In der Folge kam es immer häufiger zu heftigen Streitigkeiten mit Betriebsleiter Wolfgang Balczynski. Am 13. April eskaliert der Streit schließlich. Eher zufällig wird Klaus Grabitz Zeuge eines merkwürdigen Vorgangs. Mitarbeiter des Zolls und des Arbeitsamtes statten der Firma einen Besuch ab. Hintergrund ist der Verdacht, dass bei Disselhoff polnische Saisonarbeiter als Scheinselbstständige beschäftigt werden. Anhaltspunkte für illegale Beschäftigung finden die Zollkontrolleure nicht. Aber sie packen Kartons mit Fleischpräsenten in ihre Autos. Klaus Grabitz erzählt, da sei ihm der Kragen geplatzt. Er polterte los und fasste die von ihm beobachteten Missstände in deutlichen Vorwürfen zusammen. Grabitz wird daraufhin fristlos gekündigt, bekommt eine Anzeige wegen Verleumdung. Disselhoff setzt gerichtlich durch, dass er diese Vorwürfe öffentlich nicht mehr erheben darf.

Damit ist Klaus Grabitz als Lügner abgestempelt, als Querulant, der sich mit haltlosen Behauptungen an seinem Chef rächen will.

Doch Grabitz wehrt sich, geht gegen die Kündigung vor und erstattet nun seinerseits Anzeige gegen den Fleischfabrikanten: wegen des Verdachts des fortgesetzten Verstoßes gegen das Lebensmittelgesetz, der Bestechung und Steuerhinterziehung. Die Anzeige ruft die Staatsanwaltschaft Potsdam auf den Plan. Das Landeskriminalamt soll den Vorwürfen nachgehen. Eher lustlos ermittelnd, spricht die Staatsanwaltschaft bereits Ende 2005 von einer möglichen Einstellung des Verfahrens.

Immerhin steht inzwischen fest, dass die Zollbeamten tatsächlich jeder vier Kilogramm Fleisch mitgenommen haben. Sie wurden in der Zwischenzeit in den Innendienst versetzt. Mit Bestechlichkeit habe das aber überhaupt nichts zu tun, behauptet ein Disselhoff-Anwalt. Der Wert der Präsente sei so gering gewesen, dass es ganz legal war, sie anzunehmen. Es seien so genannte sozial adäquate Werbegeschenke von geringfügigem Umfang gewesen. Offenbar gab es ein herzliches Verhältnis zwischen Kontrolleuren und Kontrollierten.

Schließlich werden die Vorwürfe gegen Disselhoff-Sachsenkrone öffentlich. Die »Märkische Allgemeine« berichtet über den Fall Grabitz. Jetzt finden auch andere ehemalige Mitarbeiter den Mut, über ihre Erlebnisse an den Bändern des Fleischverarbeiters zu reden. Michael B. etwa meldet sich in der Redaktion. Er war 2004 bei einer Leiharbeitsfirma angestellt. Im August sollte er zusammen mit anderen Leiharbeitern bei Disselhoff anheuern. »Unsere Aufgabe war bloß, die Folie aufschneiden, Fleisch raus, wieder in die Kiste schmeißen und hinten wurde es wohl neu verschweißt.«
Auf die Frage, woher er denn wisse, dass das Fleisch neu verschweißt wurde, erzählt er: »Weil ich gefragt habe. Ich hab den Kollegen Vorarbeiter oder was gefragt, was damit denn nun passiert, und dann sagte er: ›Das wird neu verschweißt.‹

Ich hab gesagt, das kann ja wohl nicht sein, das ist doch zwei, drei Monate abgelaufen, ›macht nichts‹, sagt er, ›ist nicht so schlimm‹. Ich sag, das kann doch nicht sein.« Michael B. bekommt Skrupel. Genau diese Fleischprodukte liegen im Regal des REWE-Ladens, in dem er immer einkauft.

»Es hat eklig gestunken«, erzählt er, »das Zeug, das wir auspacken mussten, hatte braune Stellen und Gefrierbrand.« Noch am Abend beschwert er sich bei seiner Zeitarbeitsfirma: »Meine Familie kauft das Zeug im Supermarkt, ich mache das nicht mehr mit.« Obwohl Disselhoff-Sachsenkrone die Vorwürfe zurückweist, hat sein Arbeitgeber vollstes Verständnis. Am nächsten Tag darf Michael B. in einer anderen Firma arbeiten.

Auch das Ehepaar Makus meldet sich bei der »Märkischen Allgemeinen«. Nachdem Klaus Grabitz öffentlich über die Zustände bei Disselhoff geredet hat, wollen sie nicht länger schweigen. Auch sie waren über eine Leiharbeitsfirma zum Fleischproduzenten gekommen. Für sechs Euro Stundenlohn haben sie an den Bändern geschuftet. Lutz Makus stand an der Hackmaschine und bediente die Verpackungsmaschine. Seine Frau stand am anderen Ende des Bandes und legte das Fleisch ein – häufig Ware, die aus dem Disselhoff Kühlhaus kam und neu verpackt werden sollte. An den Bändern entwickelte sich im Lauf der Zeit eine ganz eigene Art von Humor. Wenn das Fleisch besonders vergammelt war, hieß es »Guck mal, das läuft ja von alleine in die Maschine, brauchen wir gar nichts mehr machen.« Auch faustgroße Eiterbeulen seien, so die vom Unternehmen bestrittene Aussage des Ehepaares Makus, noch lange kein Hinderungsgrund, das Fleisch wieder einzuschweißen und erneut an den Mann zu bringen. Immer wieder ist in ihren Erzählungen von »Retourfleisch« die Rede. Dabei handelt es sich um Lieferungen, die vom Handel beanstandet und wieder an den Hersteller zurückgeschickt wurden. Lutz Makus erzählt: »Retouren sind viele gekommen, aber die sind meistens neu eingepackt worden …« Seine Frau fällt ihm ins Wort:

»Ging wieder rein, eingepackt, Verfallsdatum war weg, wieder rein in die Kisten, schön gestapelt in die Kisten und dann rein, immer rein, egal ob es stinkt oder wie es aussah. Der Schichtleiter, der Maschinenführer, ist dann hingegangen mit dem einen Paket und hat gesagt, weil wir gesagt haben, nimm mal die Scheibe, riech mal die Scheibe, sagt der: ›ja das stimmt, die stinkt‹, dann ist er losmarschiert, ist zum Chef gegangen. Und dann hat es geheißen: ›weitermachen‹. Da mussten wir jedes Mal eine gute Scheibe nehmen und eine vergammelte und einpacken, wer das nicht wollte, hat einen Anpfiff bekommen, wir mussten das machen.«

Lutz und Monika Makus können abendfüllend über Ekel erregende Vorkommnisse erzählen. Es sind einfache Leute, sie züchten selbst Ziegen und schlachten sie. Dass sie sich das alles nur ausgedacht haben könnten, um Disselhoff zu schaden, fällt schwer zu glauben. Früher habe sie noch zu Familienfesten Fleisch aus der Firma mitgebracht, erzählt Monika Makus. Am Ende war sie so angewidert, dass sie in den ALDI-Märkten, wenn sie zufällig mitbekam, wie ein Kunde zu Tillman's Fleischprodukten greifen wollte, dazwischenging: »Kaufen Sie das nicht, da ist Gammelfleisch dabei, glauben Sie's mir!«

Auch mit der Sauberkeit der Maschinen stand es offenbar nicht zum Besten. Monika Makus erinnert sich: »Ich sagte, du, das stinkt. Dann haben sie die Maschine sauber gemacht und da sind die Maden rausgekommen. Und auf'm Fußboden lag Fleisch!!! Und in die Maden ist das Fleisch ringefallen und die haben das Fleisch genommen und haben das mit eingepackt.«

Erfundene Horrorgeschichten, wie Tönnies behauptet, oder gängige Praxis in einem Unternehmen, das zum renommierten Weltkonzern gehört? Es sind nicht nur die Eheleute Makus, die über Missstände reden. Selbst dem Leiter des Disselhoff-Kühlhauses kommen Bedenken, dass das, was er täglich tut, noch mit Recht und Gesetz in Einklang zu bringen ist. Darauf bedacht, seinen Arbeitsplatz nicht zu gefährden, wendet er sich nicht an die Zeitung, sondern hält peinlich genau den Dienstweg ein. Er wendet sich an die zuständige Amtsveterinärin. Ihr berichtet er über schwerwiegende Missstände.

»Herr H. gibt zu Protokoll, dass es Unregelmäßigkeiten im Bezug auf innerbetriebliche Regelungen (IFS) gibt.« Mit IFS ist der so genannte International Food Standard gemeint. Ein Regelwerk, dem sich das Unternehmen freiwillig unterworfen hat. Ein Qualitätsstandard für den Umgang mit Fleischprodukten, der über die gesetzlichen Regelungen hinausgeht, aber von den großen Handelsketten wie etwa ALDI gefordert wird.

Doch dem Kühlhausleiter zufolge, verstieß man bei Disselhoff nicht nur gegen den selbst gesetzten Standard, sondern auch gegen Gesetze. So gibt der Kühlhausleiter weiter zu Protokoll: »Gleichzeitiges Verarbeiten von Rot- und Weißfleisch in einem Raum.« Dies ist wegen der hohen Salmonellengefahr, die von Geflügelfleisch ausgeht, gesetzlich verboten.

Zu dem seiner Einschätzung nach leichtfertigen Umgang mit dem Thema Salmonellen gibt der Kühlhausleiter zu Protokoll: »Wegen Salmonellenfunden gesperrte Chargen werden ohne nachvollziehbare Untersuchungen freigegeben.«

Dokumentiert ist auch die seltsame Wiedergeburt des »Südamer Roastbeef«, das als Sonderaktion für REWE produziert wurde. In den REWE-Märkten angekommen, stellte sich heraus, dass das Fleisch bereits unansehnlich und grau geworden war. Die Konsequenz: Fast die gesamte Ladung wurde wieder nach Brandenburg zurückgeschickt. Das grau gewordene Fleisch landete dann zunächst bei Disselhoff im Kühlhaus. Zwischen Januar und Mai 2005 wurde die Ladung wieder aufgetaut, ausgepackt, mariniert (»Die Marinade deckt alles zu«, war nach Zeugenaussagen ein geflügeltes Wort bei Disselhoff). Mit neuem Haltbarkeitsdatum versehen, wurde es dann als Rumpsteak an ALDI England verkauft. Klaus Grabitz erinnert sich: »Das war eben unansehnlich vorher, das wurde hinterher von zwei Kollegen noch mal beschnitten, damit das halbwegs eine rote Farbe hatte und wurde etikettiert für ALDI England – mariniert – grün mariniert.«

Der Konzern jedoch besteht nach wie vor darauf, dass seine Produktionsbedingungen gesetzeskonform seien.

Der Konzern schlägt zurück

16. 12. 2005, Rheda-Wiedenbrück. Im Tönnies-Konzern gibt es eine merkwürdige Arbeitsteilung. Die Präsentation seines »Vorzeigeunternehmens« vor Politik und Medien lässt sich Clemens Tönnies selten nehmen. So ist etwa die Eröffnung des neuen Kühlhauses Chefsache. Zu solchen Gelegenheiten sucht er die Öffentlichkeit, lässt sich mit den Mächtigen fotografieren und filmen. Die von den Mitarbeitern gegen den Konzern erhobenen Vorwürfe aber muss in den meisten Fällen Josef Tillmann kommentieren, die Nummer Zwei im Konzern, ebenfalls Geschäftsführer und Namensgeber für die Marke »Tillman's«. Auf Pressefragen erklärt der, es sei eher einem Zufall geschuldet, dass Clemens Tönnies Geschäftsführer bei Disselhoff sei, es handele sich um eine Übergangslösung. Das ARD-Politikmagazin REPORT MAINZ wollte Clemens Tönnies jedoch nicht so einfach aus seiner Verantwortung entlassen. Schließlich ist er es, der sich der Öffentlichkeit offensiv als Vorkämpfer für Verbraucherschutz präsentiert. Während der Eröffnung seines neuen Kühlhauses in Rheda-Wiedenbrück, als Tönnies für die freundlichen Fragen der lokalen Presse Zeit hat, kommt er nicht umhin, ein Fernsehinterview zu geben und sich unangenehme Fragen bezüglich seiner Konzerntochter anzuhören.

FRAGE: »Mehrere Zeugen sagen, dass bei Disselhoff Fleisch umetikettiert wird und als neu wieder verkauft wird.«

CLEMENS TÖNNIES: »Wir haben dort den speziellen Fall eines Racheaktes von einem ehemaligen Mitarbeiter, der gerade diese Dinge schon mal behauptet hat und dem per Gerichtsbescheid verboten ist, das zu behaupten. Es gibt weitere Mitarbeiter, die wir jetzt enttarnt haben, die diese Dinge behaupten, die sind allesamt haltlos. Die Information der Staatsanwaltschaft ist, dass das Verfahren eingestellt wird.«

FRAGE: »Nun gibt es aber auch Unterlagen, die dokumentieren, dass Fleisch, das von REWE zurückgekommen ist, das schon grau angelaufen war, mariniert worden ist und an ALDI verkauft worden ist.«

CLEMENS TÖNNIES: »Das stimmt nicht, das ist eindeutig widerlegt! Der zuständige Veterinär, der Dr. Große, hat das recherchiert. Wir sind der Sache nachgegangen: Weder die Firma REWE noch die Firma ALDI haben altes Fleisch bekommen.«

FRAGE: »Wenn sich die Vorwürfe bestätigen sollten, wie würden Sie damit umgehen?«

CLEMENS TÖNNIES: »Wir gehen offen und transparent damit um, wir gehen den Dingen auch nicht aus dem Weg, wir präsentieren die Betriebe offen. Wir machen für keinen Besuch den Betrieb extra sauber, der ist in tadellosem Zustand und zwar nicht nur dieser hier in Rheda, sondern alle Betriebe. Wir haben ein lückenloses Qualitätsmanagement und decken diese Dinge auf und gehen da auch offen mit um.«

FRAGE: »Können Sie hundertprozentig dafür einstehen, dass bei Disselhoff nicht vergammeltes Fleisch umetikettiert worden ist?«

CLEMENS TÖNNIES: »Also wir können einhundert Prozent dafür einstehen, dass dort gesetzeskonform und ordentlich mit dem Fleisch umgegangen worden ist. Da geht es auch nicht darum, dass das eine andere Betriebsstätte ist, sondern wir sind damit in Zusammenhang gebracht und ich stehe dafür gerade. Alle Untersuchungen, die da gemacht worden sind, belegen, dass da alles sauber gelaufen ist.«

FRAGE: »Wie soll man mit Betrieben umgehen, die Fleisch, vergammeltes Fleisch, umetikettieren?«

CLEMENS TÖNNIES: »Ganz konsequent drakonisch bestrafen, weil wir nur so die schwarzen Schafe wegkriegen. Ein Umetikettieren ist ja nicht verboten, wenn die Ware eindeutig in Ordnung ist, serologisch untersucht ist dafür, dass sie volle Genusstauglichkeit hat, dann darf man sie umetikettieren. Es kann ja sein, das haben wir auch hier in Rheda, dass man ein falsches Datum hat oder der Barcode nicht lesbar ist. Dann darf man die Ware unter amtlicher Aufsicht umetikettieren. Natürlich darf man das nur bei Ware, die voll genusstauglich ist. In Brandenburg sind täglich Veterinäre im Betrieb, die mit ihrem Namen und mit ihrer Unterschrift dafür gerade stehen, dass da alles in Ordnung ist. Und diese gesamte Branche und die Untersuchungsbehörden zu kriminalisieren, ist auch in höchstem Maße fahrlässig. Man muss die schwarzen Schafe rausventilieren und drakonisch bestrafen, dafür bin ich!«

FRAGE: »Wie kommt es zu den Vorwürfen gegen Disselhoff?«

CLEMENS TÖNNIES: »Das ist eine Kampagne, die aus dem Arbeitnehmerbereich kommt. Dieser Arbeitnehmer hat eine Anzeige wegen Bestechung gemacht, das war ein Vertrauensbruch. Er hätte mit dieser Information an die Betriebsleitung gehen müssen, deshalb haben wir ihn entlassen. Das ist rechtlich abgeklärt, aber er lässt nicht locker, er hetzt in der Weltgeschichte gegen uns.«

FRAGE: »Das heißt bei Disselhoff ist alles in Ordnung und da wird auch kein Gammelfleisch umetikettiert?«

CLEMENS TÖNNIES: »Bei Disselhoff ist alles in Ordnung, da wird auch kein Gammelfleisch umetikettiert. Wir handeln dort gesetzeskonform und das bleibt auch so.«

Alles eine Kampagne also? Die Tatsache, dass inzwischen fünf Zeugen unabhängig voneinander ähnliche Vorgänge schildern, erschüttert den Konzernchef nicht. In Brandenburg tut sich unterdessen einiges: Der Frau des Kühlhausleiters, die auch bei Disselhoff arbeitet, wird von einem auf den anderen Tag gekündigt, ohne Begründung. Wenige Tage später bekommt auch der Kühlhausleiter seine Kündigung. Ebenfalls fristlos, ebenfalls ohne Nennung irgendeines Grundes. Die Mitarbeiter, die man nicht mehr rauswerfen kann, weil sie längst nicht mehr bei Disselhoff arbeiten, bekommen Anzeigen wegen Verleumdung. Die Figur Clemens Tönnies wird unterdessen aus der Schusslinie genommen. Nur wenige Wochen nach Bekanntwerden des Skandals ist Tönnies auf einmal nicht mehr Geschäftsführer bei Disselhoff. Der zweite Geschäftsführer, Frank Disselhoff, wird ganz aus dem Betrieb ausscheiden. Laut Tönnies ein lange geplanter Vorgang. Und der Betrieb wird umbenannt: Statt Disselhoff-Sachsenkrone heißt er jetzt Brandenburger Feinkost.

Auch die Auseinandersetzung mit den abtrünnigen Mitarbeitern treibt man nicht mehr auf die Spitze. Der Leiter des Kühlhauses hatte gegen seine Kündigung geklagt. Der Termin für den Arbeitsgerichtsprozess stand bereits fest. Wäre es zum Prozess gekommen, wären die Zustände bei Disselhoff zwangsläufig erörtert worden. Dazu kam es nicht, weil der Fleischfabrikant eine Abfindung zahlte.

Bleiben die Ermittlungen der Staatsanwaltschaft. Doch die brauchen weder Clemens Tönnies noch seine Konzerntochter zu fürchten. Bereits im Dezember 2005 ließ Staatsanwalt Benedikt Welfens verlauten, die Ermittlungen würden voraussichtlich eingestellt. Mögliche Beweismittel wären längst verzehrt. Und die Zeugenaussagen, wie glaubwürdig auch immer sie sein mögen, belegten bestenfalls Ordnungswidrigkeiten. Für eine Anklageerhebung reiche es einfach nicht aus. Wie so häufig steht die Staatsanwaltschaft vor einem Dilemma. Verbraucher erwarten Aufklärung und Bestrafung der Täter. Doch es fehlt an Beweismitteln. Dass bei Disselhoff Fleisch umetikettiert wurde, ist unbestritten. Doch die entscheidende Frage ist: War das Fleisch noch genusstauglich? Aussage steht gegen Aussage.

»Man kann ja nicht davon ausgehen, dass Betriebe kriminell sind!« – Die Rolle der Amtsveterinäre

24. 11. 2005, Brandenburg. Kurz nachdem die ersten Vorwürfe gegen Disselhoff-Sachsenkrone in der Lokalpresse veröffentlicht worden sind, lädt das Unternehmen zu einem Pressetermin. Das Unternehmen will demonstrieren, dass es nichts zu verbergen hat. Doch die Veranstaltung wird zu einer gespenstischen Demonstration der tatsächlichen Machtverhältnisse in Brandenburg. Das Wort führt Wolfgang Balczynski, der Betriebsleiter. Ein handfester fast Zwei-Meter-Mann, eine eindrucksvolle Erscheinung. Neben ihm verschwindet fast der Mann, dessen Aufgabe es ist, den Betrieb und Balczynski zu kontrollieren: Knut Große. Der schmächtige Amtsveterinär hat an diesem Tag ein besonderes Anliegen. Während die versammelten Journalisten noch mit ihren Schutzanzügen kämpfen, versucht er sich Gehör zu verschaffen. »Ich möchte diese Veranstaltung unter ein Motto stellen«, ruft er, »Lebensmittel waren noch nie so sicher wie heute!« Dann erzählt er, der Betrieb sei in den vergangenen anderthalb Jahren rund 500 Mal kontrolliert worden. Aufgefallen sei nie etwas. Später muss er in einem Interview mit REPORT MAINZ kleinlaut einräumen, wie diese Kontrollen aussahen:

FRAGE: »Von diesen vielen Malen, wie oft wurden denn da Proben genommen? Von den vielen Besuchen, die Sie gemacht haben?«

KNUT GROSSE: »Es wurden keine Proben genommen, die Proben werden in der Eigenkontrolle gemacht.«

FRAGE: »Über die Qualität des Fleisches haben Sie keine eigenen Erkenntnisse?«

KNUT GROSSE: »Über die Mikrobiologie? Nee, haben wir keine eigenen Untersuchungen oder sehr wenige …«

FRAGE: »Das heißt, Sie sind darauf angewiesen, dass der Betrieb richtige Angaben macht.«

KNUT GROSSE: »Ja.«

Knut Große selbst oder seine Mitarbeiterin waren täglich in dem Betrieb, wenn dort Fleisch verarbeitet wurde. Dass die Kontrolleure viel von den tatsächlichen Verhältnissen mitbekommen haben, kann sich Monika Makus nicht vorstellen. Sie erzählt: »Er weiß das ja gar nicht, was da abgegangen ist, so wie die aufs Betriebsgelände gekommen sind, dann ging das schon vom Pförtner aus los, der hat dann durchgeklingelt, die Amtstierärzte sind da, ehe die da waren und sich umgezogen haben, war unten alles sauber.« Paletten von abgelaufenem Fleisch, erzählt das Ehepaar, wurden schlicht versteckt. Es wurde die Order ausgegeben: »Die kommt erst mal weg, erst mal weg und wenn sie (die Amtsveterinärin, Anm. d. Autors) wieder weg ist, vorholen wieder. So war das da.«
»Wüstenalarm« nannten die Arbeiter das in Anspielung auf den Namen der zuständigen Amtsveterinärin. Paletten mit »abgelaufenem Fleisch«, erzählt das Ehepaar Makus, wurden dann auch schon mal im Aufzug zwischengeparkt. Während die Veterinärin das Erdgeschoss inspizierte, wurde der Aufzug schnell in den ersten Stock gefahren.
Man könne ja nicht davon ausgehen, dass Betriebe kriminell handeln, verteidigt Knut Große die Art und Weise der amtlichen Kontrollen. Dabei gibt es Anhaltspunkte, genau

das zu befürchten. Denn Zeugen berichten, es habe bei Disselhoff eine doppelte Buchführung gegeben. Mitarbeiter am Wareneingang hätten zur eigenen Absicherung Protokolle über die tatsächlichen Verhältnisse geführt, weil sie davon ausgegangen seien, dass diese in den offiziellen Dokumenten nie erscheinen würden. Am Wareneingang in einem Fleischbetrieb findet normalerweise die erste Qualitätskontrolle statt. Ein entscheidendes Kriterium ist die Temperatur, die das angelieferte Fleisch hat. Bei Geflügel darf die Kerntemperatur nicht über 4 Grad liegen. Der Grund dafür ist, dass sich mit jedem Grad höherer Temperatur Keime und Salmonellen explosionsartig vermehren. Der IFS, dem sich Disselhoff verpflichtet hat, fordert deshalb sogar, dass Ware abzulehnen ist, wenn die Kerntemperatur 3,5 Grad Celsius übersteigt. Doch muss bezweifelt werden, dass man es bei Disselhoff damit immer genau nahm. Dem Autor liegt ein Lieferschein über 3 Tonnen Putenschnitzel vor, die im Juli 2005 bei Disselhoff angeliefert wurden. Handschriftlich vermerkt darauf ein Arbeiter: »Kerntemp. +5,0«. Die Ware hätte also abgelehnt werden müssen. Stattdessen wird die Ladung »Nachgekühlt in Halle 2«, wie es in einer handschriftlichen Notiz heißt. Im offiziellen Wareneingangsprotokoll ist die Temperatur der Ladung dann auf einmal einwandfrei: Die Kerntemperatur wird hier zwischen 2,5 und 3,1 Grad Celsius angegeben und ist damit für den Veterinär nicht zu beanstanden. Die Staatsanwaltschaft Potsdam, die in Sachen Disselhoff ermittelt, ist erstaunt über solche Kontrollen der Eigenkontrolle: »Das ist ja so, als wenn man einen möglichen Drogenkurier fragt, ob er Drogen dabei hat!«

Bei der Aufklärung der vergangenen Lebensmittelskandale spielten Amtsveterinäre selten eine Rolle und wenn überhaupt, dann eine eher unrühmliche. Der Fall Disselhoff macht deutlich, wie reflexartig sich mancher Amtsveterinär an die Seite der Betriebe stellt, wenn Vorwürfe gegen diese laut werden. Knut Große räumt selbst ein, dass er sich als

Partner des Betriebes empfindet, für den er seit 1997 zuständig ist. Seine Aufgabe sei es, den Betrieb dabei zu unterstützen, dessen Hygiene zu verbessern. Eine Konfrontation mit dem kontrollierten Betrieb wird also vermieden. Clemens Tönnies lässt keinen Zweifel daran, dass er als Unternehmer Entgegenkommen erwarten darf. »Wir haben ja darüber nachgedacht, die Betriebsstätte zu schließen. Die Bürgermeisterin hat mich eingehend darum gebeten, das nicht zu tun.« Als Dienstvorgesetzte der Amtsveterinäre wird sie sich angesichts einer derart unverhohlenen Drohung wohl gut überlegen müssen, wie streng entsprechende Kontrollen künftig auszusehen haben und wie lästig sie sein werden.

Skandal ohne Folgen:
Gammelfleischvorwürfe gegen Stöver

14. 3. 2005, Aldrup, Landkreis Osnabrück. Die Zollbeamten müssen sich durchfragen. Bei dem weitläufigen Firmenkomplex des Stöver-Konzerns vor den Toren von Aldrup ist es nicht leicht, das richtige Gebäude zu finden. Wie Tönnies zählt auch Stöver zu den Großen der Branche: 26 Niederlassungen in Deutschland, sechs in Polen. 1600 Menschen arbeiten für den Konzern, der von Fleisch- und Wurstwaren, über Pommes frites und Kartoffelchips bis hin zu Salaten und Dressings alles anbietet. Das Ziel der Beamten ist die Schlachterei des Lebensmittelkonzerns. Die Zöllner kommen unangemeldet. Sie wollen die polnischen Arbeiter in flagranti erwischen, die bei Stöver an den Bändern stehen. Der Verdacht: Sie arbeiten illegal hier. Wie in der Fleischbranche üblich, sind sie nicht bei Stöver direkt beschäftigt, sondern wurden über einen Subunternehmer angeheuert. Der Subunternehmer ist ins Visier der Staatsanwaltschaft Oldenburg geraten. Es handelt sich dabei um die Firma RieSch-Nord. Wenige Kilometer von Aldrup hat die Firma ihren Sitz in einem unauffälligen Einfamilienhaus. RieSch-Nord, so der Verdacht der Ermittler, hat unter dem Deckmantel der Dienstleistungsfreiheit polnische Arbeiter angeheuert. Dies wäre illegal, denn noch genießen Polen in der EU als Arbeitnehmer keine Freizügigkeit. Auf dem Papier waren die Arbeiter deshalb bei einem polnischen Unternehmen angestellt, der Firma Multijob. Eine typische Sub-Sub-Unternehmer-Struktur: Stöver schließt einen Werkvertrag mit

dem deutschen Subunternehmer RieSch-Nord ab. Wie und mit welchen Leuten der die Arbeit erledigt, muss den Konzern nicht weiter interessieren. RieSch-Nord wiederum vergibt die Arbeiten als Auftrag an ein polnisches Unternehmen ebenfalls über einen Werkvertrag als Dienstleistung. Die Polen dürfen dann ganz legal in deutschen Schlachthöfen schuften. Doch die Staatsanwaltschaft hat Hinweise, dass es die Firma Multijob nur auf dem Papier gibt. RieSch-Nord hätte demnach einfach die Polen selbst angeheuert und das wäre illegal.

Die polnischen Arbeiter werden noch am selben Tag vernommen. Sie erweisen sich als sehr kooperativ. Sie bestätigen den Verdacht der Staatsanwaltschaft, dass sie über eine Scheinfirma angeheuert wurden. RieSch-Nord räumt die Vorwürfe ein und akzeptiert einen Strafbefehl. Doch die Polen berichten auch brisante Details darüber, wie bei Stöver offenbar mit Fleisch umgegangen wurde. Von Umetikettierungen und Verstößen gegen das Lebensmittelgesetz ist die Rede.

Der Pole Roman W. etwa, der mehrere Monate über den Subunternehmer RieSch-Nord bei Stöver gearbeitet hat, erzählt in REPORT MAINZ, dass er abgelaufene Ware auf Anweisung habe umverpacken müssen: »Wir haben das Fleisch umverpackt und mit neuem Datum wanderte es in die Geschäfte. Wohin genau, weiß ich nicht. Es wurde auf jeden Fall gewaschen und gesäubert, war fertig zum Neuverkauf.« Auf die Frage, ob er das Fleisch denn selbst essen würde, das er bei Stöver verarbeitet hat, schüttelt er den Kopf: »Ich würde das Fleisch selber nicht essen. Das alte Fleisch und die Wurst wurden umverpackt. Die alte Wurst war grün und fast schimmelig gewesen. Und das Fleisch würde ich nie essen.«

Seine Aussage wird von einem Kollegen unterstützt. Auch Stanislaw F. hat bei Stöver gearbeitet. Er erzählt in REPORT MAINZ eine ähnliche Geschichte: »Soweit ich mich erinnern kann, haben wir mehrfach in der Woche umverpackt.

Die Firma hat gut daran verdient, weil das Haltbarkeitsdatum einfach um mindestens zwei bis drei Wochen verlängert wurde.«

Glaubt man seinen Aussagen, war dies nicht der einzige Verstoß gegen das Lebensmittelrecht, den es bei Stöver gab. Stanislaw F. erzählt:

»Viele Mitarbeiter waren krank, wir waren sehr verschnupft und hatten hohes Fieber. Wir haben Bakterien verbreitet, vor allem weil wir mit Wurst gearbeitet haben.«

In Presseerklärungen weist der Konzern die Vorwürfe empört zurück, sieht sich als Opfer einer Kampagne:

»Es ist weder verdorbenes noch abgelaufenes Fleisch sowie Fleischprodukte umverpackt worden bzw. in den Handel gekommen. Hintergrund dieser erneuten Kampagne ist die bereits vor einigen Monaten durchgeführte Razzia bei der Fa. Stöver, wegen angeblicher illegaler Arbeitnehmerüberlassung. Die Ermittlungen richteten sich damals in erster Linie gegen unseren Vertragspartner, die Firma RieSch-Nord. Die Stöver-Gruppe wurde seinerseits von allen Vorwürfen der Staatsanwaltschaft entlastet. Nach uns vorliegenden Informationen sind Gehaltszahlungen des Subunternehmers, die wir nach vertraglich festgeschriebener Höhe bezahlt haben, offenbar nicht an die Mitarbeiter ausgezahlt worden. Daher vermuten wir eine Kampagne gegen unser Haus, wo polnische Mitarbeiter eines Subunternehmens vorgeschickt werden, um den Ruf unseres Unternehmens nachhaltig zu stören.«

Wie Tönnies, sieht sich also auch Stöver als Opfer einer Kampagne. Im Verdacht diesmal: Die Gewerkschaft Nahrung-Genuss-Gaststätten (NGG), die seit Jahren gegen Lohndumping in der Fleischbranche kämpft. Sie soll der Drahtzieher der vermeintlichen Lügenkampagne sein, weil sie die polnischen Arbeiter vertritt, die noch immer ausstehende Löhne von RieSch-Nord fordern.

Der Staatsanwaltschaft Oldenburg dagegen ist die Kampagnentheorie etwas zu schlicht. Der Sprecher der Staatsanwaltschaft Gerhard Kayser hält die Polen für glaubwürdig. Immerhin haben sich ihre Aussagen über die Scheinfirma, die sie angeheuert hat, bestätigt: »Man wird diese Aussagen für glaubhaft halten müssen, weil wir andere Aussagen haben, die das bestätigen, und weil die polnischen Zeugen uns immer wieder Bekundungen gemacht haben, die wahr waren. In anderen Bereichen unserer Ermittlungen sind diese Aussagen der polnischen Staatsangehörigen immer wieder bestätigt worden.«

Doch auch die Oldenburger Staatsanwaltschaft steht vor Beweisproblemen. Wieder einmal steht Aussage gegen Aussage. Am Ende bleibt auch hier nur die Einstellung des Verfahrens. Immerhin: Drei Stöver-Mitarbeiter, die die Anweisungen zum Umverpacken gegeben haben sollen, akzeptieren hohe Geldbußen.

Die Vorwürfe gegen den Tönnies-Konzern wie auch gegen Stöver machen deutlich, wie stumpf das Strafrecht als Waffe im Verbraucherschutz ist. »Handfeste« Beweise sind bei einem Produkt wie Fleisch, dessen Zustand sich täglich ändert, praktisch nicht zu ermitteln. Das finanzielle und strafrechtliche Risiko ist bei Verstößen gegen das Lebensmittelrecht für Schlachthofbetreiber überschaubar.

Was tun mit Retourfleisch?
Kreative Lösungen der Fleischbranche

28. 11. 2005, Gelsenkirchen. »Wie viel hat ER uns schon angedreht?«, fragt die »Bild«-Zeitung in großen Lettern und kommt zu dem Ergebnis: »Schimmel-Hack, umetikettiertes Rindfleisch und Geflügelabfälle in Dönerspießen. Unsere Mägen sind Mülleimer der Fleischindustrie!« Gemeint ist damit Uwe D., den die Boulevardpresse als »Gammelfleisch-Baron« bezeichnet. Er ist eine der schillerndsten Gestalten in der deutschen Fleischwirtschaft. Der 39-Jährige ist eine Art Restpostenhändler. Ein Ein-Mann-Unternehmen, dessen Geschäft darin besteht, Fleisch billig aufzukaufen und irgendwie wieder an den Mann zu bringen. Sein Firmensitz ist so ungewöhnlich wie sein Geschäft: Im »Maritim«-Hotel in Gelsenkirchen hat der Mann, dem eine Schwäche für teure Pferde und Autos nachgesagt wird, ein 40-Quadratmeter-Appartement gemietet. Firmensitz und Privatwohnung zugleich – unauffällig, dafür sehr kostspielig.

Den Behörden ist Uwe D. bei einer Routineüberprüfung aufgefallen. In einem Gelsenkirchener Kühlhaus »Frigoropa« hatte ein Lebensmittelkontrolleur festgestellt, dass dort Roastbeef umverpackt und mit frischem Haltbarkeitsdatum versehen worden war. Sechzig Tonnen Fleisch aus dem Kühlhaus werden daraufhin beschlagnahmt. Untersuchungen der Lebensmittelüberwachung in Gelsenkirchen ergeben: Sämtliche Proben sind nicht mehr zum Verzehr geeignet: Überlagerung, Frostbrand, Schimmel. Geliefert, so der bisherige Erkenntnisstand der Staatsanwaltschaft, unter anderem an einen Gelsenkirchener Metzgermeister. Er hatte zehn Tonnen Putenhack von D. gekauft – für 60 Cent pro Kilogramm. Marktüblich wären 1,80 Euro gewesen. Dass das Fleisch bei diesem Preis noch genusstauglich war, bezweifelt die Staatsanwaltschaft. Aus dem vermutlich vergammelten Putenfleisch hatte der Metzger fast 30 000 Würstchen hergestellt. Nur 5600 konnten noch sichergestellt werden. Der Rest war wahrscheinlich bereits verzehrt.

Uwe D. hatte, das ergaben die Ermittlungen der Staatsanwaltschaft, allein im Jahr 2005 rund 550 Tonnen Fleisch in Umlauf gebracht. Wie viel davon vergammelt war, können die Ermittler lediglich schätzen. In seiner Vernehmung hatte D. angegeben, die Ware auch nach Dänemark, Frankreich, Spanien, Tschechien und in die Niederlande geliefert zu haben.

Mit Journalisten will Uwe D. nicht reden, oder nur, wenn sie seine Bedingungen erfüllen. Am Telefon lässt er wissen: »Es muss schon was rüberkommen.« 50 000 Euro will Uwe D. für ein Interview. Offenbar will er nicht nur mit vergammeltem Fleisch das schnelle Geld machen. So bleibt manche Frage bislang unbeantwortet: Welche Rolle spielen Händler wie D. für die deutsche Fleischindustrie? Was glaubten seine Lieferanten, würde er mit dem Fleisch tun, das sie ihm zu Spottpreisen verkauften, weil es sonst keinen Abnehmer mehr fand?

Uwe D. ist nicht der Einzige, dem vorgeworfen wird, kreative Vertriebswege für »abgelaufenes Fleisch« gefunden zu haben. Die Oldenburger Staatsanwaltschaft ermittelt gegen den Zerlegebetrieb HKB Convenience GmbH im niedersächsischen Lastrup. 20 Tonnen aufgetautes Gefrierfleisch, sollen einfach wieder als Frischfleisch in den Handel gebracht worden sein. Das niedersächsische Landesamt für Verbraucherschutz und Lebensmittelsicherheit hat inzwischen ein Gutachten erstellt. Demnach waren 31 von 68 Proben des sichergestellten HKB-Fleischs eindeutig verdorben. HKB-Geschäftsführer Alfons Bünnemeyer bestreitet diese Vorwürfe (Seite 168 f.).

Der Begriff »Retourfleisch« fällt im Zusammenhang mit Fleischskandalen immer wieder. Gemeint ist damit Fleisch, das die Kunden wieder zurück an den Hersteller schicken. Discounter wie LIDL oder ALDI haben inzwischen hohe Anforderungen an ihre Lieferanten. Das Fleisch soll nicht nur extrem billig sein, sondern es soll im Kühlregal noch mindestens 13 Tage haltbar sein, damit der Markt eine lange Zeitspanne zum »Abverkauf« hat. Und die Wareneingangs-kontrollen sind streng: Sobald irgendetwas an der Ware bemängelt wird, schicken die Märkte die gesamte Lieferung einfach »retour«. Solche Mängel können ganz harmlos sein: Einmal stimmt die gelieferte Menge nicht mit der bestellten überein, einmal ist die Ware falsch ausgezeichnet oder die Supermarktscanner können die Barcodes nicht lesen. Auch wenn die Ware zu früh oder zu spät geliefert wird, kann sie der Kunde komplett ablehnen und wieder retour schicken. Verschmutzte Verpackungen oder Folien sind genauso Re-tourengründe wie Mängel am eigentlichen Produkt. Daneben verlangen Einzelhandelsketten von ihren Lieferanten häufig auch »Regalpflege«. Das heißt, die Schlachthöfe verpflich-ten sich, gelieferte Ware, die nicht verkauft werden konnte, wieder zurückzunehmen und in eigener Verantwortung zu entsorgen.

Retouren stellen Fleischhersteller regelmäßig vor ein Pro-blem: Durch die oft langen Transportwege hin und zurück vergehen manchmal Tage. Das Fleisch erfüllt nun erst recht nicht mehr die Anforderungen des Handels nach 13 Tagen Haltbarkeit. Was also damit tun? Vernichten wäre aus Sicht des Handels die sauberste Lösung. Doch für die Schlacht-hofbetreiber ist das die teuerste aller Möglichkeiten. Deshalb ist es gesetzlich sogar erlaubt, das Fleisch umzuverpacken und mit neuem Haltbarkeitsdatum wieder in den Verkehr zu bringen. Doch dafür muss das Fleisch in einwandfreiem Zustand sein. Hier ist eines der Haupteinfallstore für Betrügereien. Eine gesetzliche Regelung darüber, wie lange Fleisch in Kühlhäusern liegen darf, bevor es ein neues Haltbarkeitsdatum bekommt, gibt es nicht. Ob das Fleisch noch genusstauglich ist oder nicht, entscheiden nicht Amtsveterinäre, sondern der Schlachthof selbst durch eine »sensorische Prüfung«. Doch das heißt nichts anderes, als zu riechen, ob das Fleisch schon stinkt. Vor die Wahl gestellt, Geld für die Vernichtung ehemals teuren Fleischs auszugeben oder es noch einmal zu verwerten und damit zu verdienen, fällt es nicht schwer, sich vorzustellen, dass sich die meisten Schlachthöfe eher für das Umverpacken entscheiden. Und ob ein Fleischstück noch in Ordnung ist, wird zu einer sehr relativen Frage. »Wird ausgepackt« oder »wird umgepackt«, steht dann häufig unter den Retourenprotokollen in der Rubrik »Weitere Verwendung«.

Wie wenig unter solchen Bedingungen ein Mindesthaltbarkeitsdatum tatsächlich aussagt, wird im Falle Disselhoff deutlich. Im Sommer 2005 lagen in den Regalen von ALDI »Tillman's Paprika-Steaks« mit Mindesthaltbarkeitsdatum 20. 6. 05 zum Preis von drei Euro. Über die bewegte Geschichte, die die Paprika-Steaks bereits hinter sich hatten, erfuhr der Kunde nichts. Hergestellt wurde die Ware bereits im Juli 2004. Disselhoff lieferte sie zum Hauptsitz von Tönnies nach Rheda-Wiedenbrück. Dort sollte die Ware für ALDI etikettiert werden und ein Mindesthaltbarkeitsdatum bekommen. Fast ein Jahr später jedoch schickte Tönnies acht Paletten der Paprika-Steaks wieder retour nach Brandenburg. Ein Mindesthaltbarkeitsdatum hatten sie immer noch nicht. Am 5. 6. 2005 wurde die Ware dann bei Disselhoff etikettiert. Mit 14 Tagen Mindesthaltbarkeit, wie ALDI es fordert. Doch über die zehn Monate, die das Fleisch in Rheda-Wiedenbrück zwischengelagert war, erfuhr der Kunde nichts. Ob das

Fleisch während dieser Zeit Schaden genommen hat, darüber lässt sich heute nur noch spekulieren.

Auch der Fleischhändler Uwe D. ist in Brandenburg kein Unbekannter. Er war auch Kunde bei Disselhoff-Sachsenkrone. Es ging um das Produkt »flinke Pfanne«, ein Fertiggericht, das Disselhoff für ALDI in verschiedenen Geschmacksrichtungen produzierte, wie etwa Chinapfanne oder Jägerpfanne. Zeugenaussagen schildern, was damit geschah:

»Als die Auslieferung dieses Produktes begann, kamen nach den ersten Tagen Reklamationen von den Kunden, dass diese Ware das vorgesehene Mindesthaltbarkeitsdatum nicht erreichte. Es wurde noch eine Weile produziert und probiert, den Artikel MHD-sicher (MHD Abk. für Mindesthaltbarkeitsdatum) auszustatten, was aber nicht gelang. Demzufolge wurde eine Rückrufaktion gestartet. Diese Ware wurde größtenteils, weil wirklich nicht mehr zu gebrauchen, in Brandenburg vernichtet. Sämtliche vorproduzierte Ware von diesem Artikel (...) sowie Ware, die schon komplett für den Kunden ausgezeichnet und etikettiert war mit Mindesthaltbarkeitsdatum, wurde eingefroren. Am 3. 6. 2004 wurde ein Teil dieser Ware an Uwe D. verkauft. Zu diesem Zwecke wurden zwei Tage vor dem Verkauf (an D., Anm. d. Autors) von der kartonierten kundenfertigen Ware die Etiketten mit dem Frischehaltbarkeitsdatum 12/2003 entfernt und (die Ware, Anm. d. Autors) ausgeliefert.«

Dem Autor liegt der entsprechende Lieferschein vor. Tatsächlich kaufte Uwe D. mehr als 12 Tonnen »flinke Pfanne«.

Konzernchef Clemens Tönnies will von alledem nichts gewusst haben. Im Interview mit REPORT MAINZ räumt er aber immerhin die Handelsbeziehung zu D. ein:

CLEMENS TÖNNIES: »Wir haben dem D. insgesamt drei Partien Ware verkauft, und zwar Ware, die überdisponiert war, die einfach nicht abfloss. Der D. war ein Restpostenhändler, der hat die Ware aufgenommen, aber mit der amtlichen Genusstauglichkeitsbescheinigung, also die Ware war tipptopp in Ordnung. Wir werden keine Partiewaren mehr verkaufen, Restposten gibt es aus der Tönniesgruppe nicht mehr. Ist etwas überdisponiert, und darum geht es, werden wir es vernichten. Wenn wir es nicht mehr im Zeitraum des Mindesthaltbarkeitsdatums verkaufen können, schmeißen wir es weg, kommt es in die Tierkörperbeseitigungsanlage.«

FRAGE: »Eine Konsequenz aus dem Domenz-Skandal?«

CLEMENS TÖNNIES: »Natürlich, ich kann mich ja darüber ärgern, dass wir überhaupt mit diesem Mann ... ich wusste es ja gar nicht, dass wir überhaupt eine Geschäftsbeziehung von drei Restposten mit ihm hatten, die wir ihm verkauft haben, innerhalb der Haltbarkeit, eben um sie nicht in den Handel zu geben.«

FRAGE: »Sie wussten nicht, was er damit machen würde?«

CLEMENS TÖNNIES: »Ich, äh wir wussten nicht – das muss ich ganz klar sagen, ich hatte nicht die Phantasie gehabt, ich hätte nicht gedacht, das muss ich mir vorwerfen lassen, dass es so viel kriminelle Energie gibt.«

Uwe D. war Fleischhändler – was hätte er schon mit der Ware machen sollen? Ob die Ware wirklich tipptopp in Ordnung war, wie Tönnies behauptet, lässt sich nicht mehr nachvollziehen. Im »normalen« Handel ließ sie sich nicht verkaufen. ALDI jedenfalls wollte die »flinke Pfanne« seinen Kunden offenbar nicht zumuten.

Die Machenschaften von Uwe D., darauf konnten sich Politik und Fleischunternehmer schnell einigen, seien skandalös. Nordrhein-Westfalens Landwirtschaftsminister Eckhard Uhlenberg, der sich sonst gegen das öffentliche Nennen von Namen ausgesprochen hatte, machte eine Ausnahme: Er brandmarkte öffentlich den Fleischhändler Domenz. Dessen kriminelle Machenschaften seien aber wiederum nur Beleg dafür, dass es in der Branche »schwarze Schafe« gebe. Konzerne wie Tönnies, die sich mit Firmen wie Domenz ein Entsorgungsproblem vom Hals geschafft haben, zählt er offensichtlich nicht dazu.

Gier und Gewalt:
Der Subunternehmer Wilfried I.

Zoff im Schlachthof – der Zoll hört mit

31. 10. 2003, Essen (Oldenburg). Wilfried I. ahnt offenbar nicht, dass sein Telefon abgehört wird. Die Staatsanwaltschaft Oldenburg ermittelt gegen ihn. Der Verdacht: illegale Beschäftigung von Rumänen. Der 51-jährige Wilfried I. ist Subunternehmer. Er vermittelt osteuropäische Arbeitskräfte an deutsche Schlachthöfe. Offiziell nennt er sich »Deutschlandvertreter« für vier rumänische Firmen, die ihre Landsleute nach Deutschland vermitteln. In deutschen Schlachthöfen machen die Rumänen die Knochenarbeit: Schlachten und Zerlegen im Akkord, für den Bruchteil des Lohnes, den deutsche Schlachter dafür bekommen.

Auch bei D&S Fleisch in Essen stehen Wilfried I.s Rumänen am Band. Es ist der viertgrößte Schlachthof in Deutschland und das Unternehmen rühmt sich zu dieser Zeit, Europas modernsten Schlachthof zu betreiben. Doch offenbar gibt es ein Problem zwischen dem Fleischriesen und seinem Subunternehmer. Den Beamten, die Wilfried I.s Telefon abhören, wird schier übel, als sie einen unerwarteten Einblick in die hygienischen Verhältnisse bekommen, die im Schlachtbetrieb herrschen. Der D&S-Betriebsleiter, der seinen Subunternehmer anruft, steht offenbar unter Druck. Das Veterinäramt hat bei Wilfried I.s Mitarbeitern eine so genannte »Abklatschprobe« gemacht. Damit lässt sich die Verunreinigung von Händen oder Werkzeugen mit Fäkalbakterien bestimmen. Er sei nun auch schon fast neunzehn Jahre mit Fleisch zugange, tobt der Betriebsleiter am Telefon, aber solche Werte habe er noch nie gesehen: »Da waren Handdesinfektion, also Handabklatsch, zehn hoch achter. So was gibt's normal gar nicht. Messer, Schürzen 'ne Katastrophe.« Er habe sich ja fast schon daran gewöhnt, »dass mir ab und zu mal einer hinter die Kisten scheißt.« Aber die hygienischen Zustände, wie sie derzeit im Schlachthof herrschten, brächten selbst ihn aus der Fassung. Für die »grottenschlechten« Werte hat er nur eine Erklärung: »… da hatte ich einen zehn hoch sechser Abklatsch dabei, das heißt, der Mann hat sich die Hände wahrscheinlich weder gewaschen noch desinfiziert. Der hat wahrscheinlich mit'm Handtuchpapier so'n bisschen abgeputzt. Und dann hat er wahrscheinlich ge… gewichst und geschifft und ist dann zur Pause gegangen. Das musst Du Dir mal vorstellen!« Der Ekolinachweis, den die Kontrolleure daraufhin machten, hätte ergeben, dass der Mann definitiv auf der Toilette war und sich hinterher nicht die Hände gewaschen habe: »Die müssen die simpelsten Personalhygienedinge machen. Hände waschen«, poltert der Betriebsleiter. Angesichts der katastrophalen Hygiene hätte das Veterinäramt eine Nachbeprobung angekündigt. Wenn er nicht so gut mit dem zuständigen Amtsveterinär könne, betont der Betriebsleiter, hätte er vom Amt längst eine Anordnung »reingekriegt«, die ihm genau vorschreibe, wann und wie der Schlachthof zu reinigen ist.

Außerdem liefen im Schlachthof immer noch Arbeiter mit »Schrottschürzen« herum, die I. unbedingt ersetzen müsse. Einige Arbeiter liefen noch immer ohne Schuhe herum. Wilfried I. antwortet nur noch stammelnd, halten die Ermittler im Telefonprotokoll fest: »Ich kann von hier aus nicht sehen, wer Schuhe an hat oder nicht. Ja aber gut, das mach ich alles, das ist klar.«

Katastrophale hygienische Verhältnisse also bei D&S Fleisch, einem der größten deutschen Fleischunternehmen. Ergebnis einer Firmenpolitik, die inzwischen längst gang und gäbe ist: Das Unternehmen selbst ist praktisch nur noch eine Hülle. Die Bänder sind an Subunternehmer vermietet;

die eigentliche Arbeit des Schlachtens, Zerlegens und Verpackens übernehmen inzwischen fast ausschließlich Fremdfirmen. Und die versuchen gnadenlos, ihre Gewinne zu maximieren. Gespart wird offenbar an allem: an ordentlichen Schuhen und Schürzen, vor allem aber an den Löhnen, die die Arbeiter bekommen.

Ausgebeutete Osteuropäer, ausgebootete Deutsche

28. 5. 2003, Badbergen (Osnabrücker Land). Reinhard Bauch kann sich noch gut erinnern an die Zeiten, als man als Schlachter in der Fleischindustrie noch richtig gut verdienen konnte. Zwischen dreißig und vierzig Mark Stundenlohn waren normal für die Knochenarbeit an den Bändern. Als Reinhard Bauch vor dreißig Jahren seine Lehre abschloss, war es für ihn eine attraktive Berufsperspektive »im Fleisch« zu arbeiten, zumal sein Heimatdorf im Herzen von »Deutschlands Fleischtopf« liegt, wie die Region genannt wird. Nirgends gibt es mehr Fleischbetriebe als in der Region zwischen Oldenburg, Münster und Osnabrück. Seit drei Monaten ist Reinhard Bauch arbeitslos.

»Auf einmal hieß es, ja ihr könnt gehen, von heute auf morgen. Also montags waren wir noch da, dienstags auch noch, und dann hieß es: ›Morgen könnt ihr zu Hause bleiben, wir werden nur noch mit Osteuropäern arbeiten.‹ Und da konnte ich meine Sachen packen und gehen«, erzählt Bauch.

Seine Frau und seine acht Kinder konnte er früher problemlos durchbringen. Jetzt weiß er nicht, wie er die Raten für das Haus abbezahlen soll. Auf dem Arbeitsamt macht man Reinhard Bauch wenig Hoffnung, wieder einen Job in der Fleischindustrie zu finden. Sein ältester Sohn hat ebenfalls Fleischer gelernt. Reinhard Bauch hatte ihm dazu geraten.

Inzwischen bereut er den Ratschlag, erzählt er. Noch ist der 19-Jährige beim Wehrdienst, aber ob er danach je in seinem Beruf arbeiten wird, ist ungewiss.

Den Grund für seine Arbeitslosigkeit hat Reinhard Bauch täglich vor Augen.

Von seinem Garten aus braucht Reinhard Bauch nur auf die gegenüberliegende Straßenseite zu blicken. In dem für die Region typischen zweigeschossigen Ziegelbau auf der anderen Seite sind Rumänen untergebracht. Sie arbeiten für einen Bruchteil des Geldes, das Reinhard Bauch als deutscher Schlachter verdient hat. Verbittert sei er, erzählt Bauch, und wütend. Nicht auf die Osteuropäer – mit denen hat er sogar Mitleid. Die gingen halt dahin, wo sie Geld verdienen würden. Wütend ist er auf seine ehemaligen Chefs und die Bundesregierung, die nichts dagegen unternehme.

Die Gewerkschaft Nahrung-Genuss-Gaststätten (NGG) beobachtet die Entwicklung in der deutschen Fleischindustrie seit langem mit Sorge. Matthias Brümmer leitet den NGG-Bezirk Oldenburg. Er schätzt, dass allein in dieser Region in den vergangenen Jahren etwa 6000 Arbeitsplätze für Deutsche verloren gegangen sind, bundesweit vermutlich mehrere Zehntausend. Wie konnte es zu einer so verheerenden Entwicklung kommen?

»Sozialabkommen« – das Einfallstor für den organisierten Menschenhandel

8. 12. 1990, Warschau. Arbeitsminister Norbert Blüm lacht freundlich in die Kameras, schüttelt Hände mit seinem polnischen Amtskollegen Jacek Kuron. Gerade haben beide einen Vertrag unterschrieben mit dem sperrigen Titel: »Vereinbarung über die Beschäftigung von Arbeitnehmern polnischer Unternehmen zur Ausführung von Werkverträgen«.

Dieses so genannte Sozialabkommen wird von der Öffentlichkeit kaum wahrgenommen. In den Medien ist das Vertragswerk bestenfalls eine Randnotiz wert in einer Zeit, in der die Welt radikal ihr Gesicht verändert. Es ist die Zeit des Aufbruchs in Osteuropa. Reihenweise fallen die kommunistischen Regime. Weitgehend regierungsunerfahrene, demokratisch gewählte Politiker übernehmen die Macht und sehen sich gewaltigen wirtschaftlichen Herausforderungen gegenübergestellt. Der häufig vollkommen auf die Bedürfnisse der Sowjetunion abgestimmte Außenhandel bricht in vielen Ländern fast vollständig zusammen. Für die westlich orientierten Weltmärkte fehlen die nötigen Strukturen. Devisenknappheit, der teilweise Zusammenbruch des bisherigen staatlichen Wohlfahrtssystems, Arbeitslosigkeit und eine immer deutlicher auftretende Verarmung der Bevölkerung werden zu einer ernsthaften Gefahr für die jungen Demokratien in Mittelosteuropa.

Die damalige Bundesregierung kann kein Interesse daran haben, dass der Demokratisierungsprozess in Osteuropa ins Stocken gerät. Sie versucht zu helfen. Sozialabkommen sollen die Wirtschaft in den osteuropäischen Staaten stabilisieren. Bulgarien, Tschechien, die Slowakei, Bosnien-Herzegowina, Mazedonien, Kroatien, Slowenien, Polen, Rumänien, Lettland, die Türkei und Ungarn kommen in den Genuss dieser Abkommen.

Den osteuropäischen Staaten wird darin zugestanden, auf begrenzte Zeit Arbeiter nach Deutschland zu schicken. Ziel ist es zum einen, die Arbeitsmärkte in diesen Ländern zu entlasten. Zum anderen, so ist das Kalkül, würden die aus Deutschland zurückkehrenden Arbeiter Devisen in ihre Heimatländer bringen. Daneben sollen breite Schichten lernen, wie Marktwirtschaft westlichen Stils funktioniert, um nach ihrer Rückkehr dieses Know-how in ihre Herkunftsbetriebe einzubringen. Es ist die Geburtsstunde des so genannten Kontingentverfahrens. Den osteuropäischen Staaten wird erlaubt, eine genau festgelegte Zahl von Arbeitern über Werkverträge zu entsenden. Durch ein hochkompliziertes Genehmigungsverfahren soll Missbrauch ausgeschlossen werden. Jeder einzelne Werkvertrag muss den Landesarbeitsämtern zur Genehmigung vorgelegt werden. Wenn zu befürchten steht, dass deutsche Schlachter entlassen würden oder kurzarbeiten müssten, ist der Vertrag nicht genehmigungsfähig. Eine andere Bedingung, um Missbrauch und illegale Schleusung zu verhindern, ist, dass die osteuropäischen Arbeiter aus einem funktionsfähigen Betrieb stammen müssen. Sie sollen nur auf Zeit in Deutschland arbeiten und hinterher wieder zurück in ihre Betriebe.

Lohndumping wird in den Verträgen ausdrücklich ausgeschlossen. So heißt es im Artikel fünf der deutsch-bulgarischen Regierungsvereinbarung:

»Die Arbeitserlaubnis wird nur erteilt, soweit die Entlohnung des Werkvertragsarbeitnehmers (…) dem Lohn entspricht, welchen die einschlägigen deutschen Tarifverträge für vergleichbare Tätigkeiten vorsehen.«

Die deutschen Firmen, die Osteuropäer beschäftigen, sollen alleine von den niedrigeren Sozialabgaben profitieren, die in den Heimatländern abzuführen sind.

So weit die Theorie. In der Praxis haben die Verträge verheerende Auswirkungen auf den deutschen Arbeitsmarkt. Sie führen zu einem De-facto-Menschenhandel mit osteuropäischen Arbeitern in einem riesigen Ausmaß. Eine unveröffentlichte Statistik der Bundesanstalt für Arbeit aus dem Jahr 2001 zeigt, wie großzügig die Bundesregierung mit der Vergabe der Kontingente umgegangen ist: Allein für den Zeitraum 10/2000 bis 9/2001 durften 56 690 osteuropäische Arbeiter in Deutschland anheuern. Dazu kamen noch einmal gesondert ausgewiesen 20 750 Arbeiter im Baubereich. Dass solche Zahlen nicht ohne Auswirkungen auf den deutschen Arbeitsmarkt bleiben konnten, muss den politisch Verantwortlichen eigentlich klar gewesen sein. Eine ganze Branche verändert sich radikal: Die unmittelbaren Folgen kann schon kurz nach Abschluss der Verträge jeder im Anzeigenteil der »Allgemeinen Fleischerzeitung«, einem Branchenblatt, nachlesen:

»Achtung, Haben Sie Probleme im Schlacht- und Zerlegebereich? Ausländische Firmen garantieren Ihnen, legal Schlachter und Fleischer bis zu 40% Lohnkostenersparnis«, verspricht die Anzeige eines Arbeitsvermittlers. In derselben Ausgabe findet sich auch diese Anzeige:

»30 Ausbeiner, Deutsche, die bisher bis zu 15 Jahre für einen Auftraggeber tätig waren, suchen eine neue vertrauensvolle, langfristige Tätigkeit ab Anfang 1999. Wir wurden durch Osteuropäer abgelöst.«

Unternehmer, Subunternehmer,
Sub-Sub-Unternehmer, Sub-Sub-Sub-...

Sie stehen an den Bändern von D&S Fleisch, sie schlachten die Schweine, die D&S Fleisch gekauft hat, zerlegen sie in den Räumen von D&S Fleisch und verpacken sie für die Kunden von D&S Fleisch. Man könnte nun vermuten, dass eine Firma wie D&S Fleisch diese Menschen auch beschäftigt. Schließlich sind die Monteure, die bei Opel oder BMW an den Bändern stehen und Autos produzieren, auch bei Opel oder BMW angestellt. Doch die Fleischbranche funktioniert anders. Schlachten, Zerlegen, Verpacken, es gibt so gut wie keine Arbeit, die nicht als »Gewerk« an eine Fremdfirma vergeben werden darf, selbst wenn es auf den ersten Blick aussieht, als handle es sich um eine klassische Fabrikarbeitertätigkeit. Doch die Fleischwirtschaft hat sich in den vergangenen Jahrzehnten in ihrer Praxis der Baubranche angeglichen. Es herrscht ein Sub-Sub-Sub-Unternehmersystem, bei dem alle Beteiligten formal vollkommen selbstständig agieren. Der Fleischkonzern tritt offiziell kaum noch als Arbeitgeber in Erscheinung. Er vergibt lediglich Aufträge als »Gewerk«. Statt Lohnvereinbarungen werden Vereinbarungen getroffen über die zu schlachtende Zahl von Schweinen, Kilopreise oder Ausbeutepreise. Wie der Auftragnehmer diesen Job erledigt, ist formal seine Sache. Mit ausgeklügelten Vertragskonstruktionen versucht die Fleischbranche auf Biegen und Brechen den Eindruck zu vermeiden, es könnte sich de facto um ein Beschäftigungsverhältnis handeln. Der juristische Grad ist schmal, damit nach gängiger Rechtslage eine Fließbandarbeit überhaupt als Werkvertragsarbeit anerkannt wird. In den so genannten Werkrahmenverträgen wird deshalb wert darauf gelegt, dass der Subunternehmer die Arbeiten selbstständig und eigenverantwortlich durchführt. Die Bänder und das »Material« werden ihm vom Unternehmer zur Verfügung gestellt, aber der »Subbi« muss rein formal seine Leute mit Messern, Schürzen und Arbeitshandschuhen ausstatten. Der Hauptunternehmer hat formal nur das Recht, das »Gewerk« abzunehmen. Ansonsten darf er sich nicht in die Arbeit des Auftragnehmers einmischen. Die rechtliche Grenze zu einem arbeitnehmerähnlichen Verhältnis ist leicht zu überschreiten: Es genügt schon, dass ein Betriebsleiter direkt Anweisungen an die Arbeiter des Subunternehmers gibt, um in Frage zu stellen, dass es sich um einen Werkvertrag handelt. Auch die »Vermischung« zwischen eigenem Personal und dem des Subunternehmers ist streng untersagt. Deshalb müssen in einigen Betrieben Arbeiter von Fremdfirmen sogar andersfarbige Schürzen tragen.

Inzwischen haben die großen Schlachtbetriebe so gut wie keine Stammbelegschaften mehr. Fest angestellt sind häufig nur noch die Mitarbeiter der Verwaltung und einige Produktionsleiter. Für die Fleischbranche ist das praktisch: Sie muss sich nicht mit Gewerkschaften und Tariflöhnen herumschlagen. Sie vergibt einfach den Auftrag an den billigsten Anbieter. Meistens ist das ein deutscher Subunternehmer und da dieser selbst entscheiden kann, wie er den Job erledigt, vergibt er wiederum einen Werkvertrag an ein osteuropäisches Unternehmen. Je billiger er die Leistung seines Subunternehmers einkauft, desto höher ist sein Gewinn. Dies führt zu einer gnadenlosen Spirale nach unten. Fleischunternehmer können so ihre Kosten massiv senken, ohne juristisch für das Lohndumping ihrer Subunternehmer zur Verantwortung gezogen zu werden.

Bernard Südbeck von der Oldenburger Staatsanwaltschaft ermittelt seit Jahren in der Fleischbranche. Kaum ein Staatsanwalt ist mit der komplizierten Materie der Werkverträge so vertraut wie er. In einem Interview mit REPORT MAINZ sagt er:

BERNARD SÜBBECK: »Das Problem liegt darin, dass sich die Unternehmer der Subunternehmer bedienen. Und wenn es dann Probleme im Produktionsbereich gibt, sei es Lohndumping oder überlange Arbeitszeiten, dass dann die Unternehmer die Hände in Unschuld waschen und sagen, das ist nicht unser Problem. Wir wissen nicht, was bei dem Subunternehmer los ist.«

FRAGE: »Ist das denn in der Regel glaubhaft?«

BERNARD SÜDBECK: »Dieses Argument ist oft nicht glaubhaft. Die Verträge sind so ausgestaltet und vom Preisniveau mittlerweile so niedrig, dass man auch als Unternehmer erkennt, das kann nur gehen, wenn ich sehr viele Stunden arbeiten lasse, also deutlich mehr als vereinbart. Oder wenn ich von ganz niedrigen Löhnen ausgehe. Zwischen, wir haben festgestellt, 2,50 Euro bis 3,- Euro.«

Die Kosten für die Schlachtung eines Schweins hätten sich in den vergangenen Jahren halbiert, erzählt Südbeck.

Doch für Staatsanwälte bietet die komplizierte Werkvertragskonstruktion auch eine Chance. Immer dann nämlich, wenn eine Werkvertragsarbeit tatsächlich den Charakter einer Arbeitnehmerschaft bekommt. Häufig, auch das ist eine Erfahrung von Bernard Südbeck, sind die Werkverträge nicht das Papier wert, auf dem sie stehen. In Wirklichkeit entscheidet meistens immer noch der Schlachthofbetreiber, was in seinem Laden läuft, etwa wie die Arbeiter eingesetzt werden und was sie zu tun haben. Die wenigsten halten sich an den Wortlaut der komplizierten Verträge. Die juristischen Folgen für die Beteiligten können dann schmerzhaft sein. Im Gegensatz zum Handel mit »Gammelfleisch« kommen hier kapitalere Paragraphen des Gesetzbuches zum tragen. Wenn der Unternehmer Arbeiter des Subunternehmers arbeitnehmerähnlich beschäftigt, müsste er eigentlich in Deutschland Sozialabgaben leisten. Tut er dies nicht, macht er sich des Betruges zu Lasten der Sozialkassen schuldig. Dazu kommt: Osteuropäer zu beschäftigen ist nur in dem engen Rahmen der Werkverträge legal. Sobald die Arbeit diesen engen Rahmen verlässt, handelt es sich um illegale Arbeitnehmerüberlassung. Doch die Beweisführung ist oft schwierig. Denn weder der Unternehmer, noch sein »Subbi«, noch der osteuropäische Dienstleister haben in der Regel ein Interesse daran, dass die illegalen Deals ans Licht kommen. Sie alle verdienen schließlich daran.

»Alle sind Sklaven, alle!«
Die Realität in deutschen Schlachthöfen

10. 7. 1998, Budapest. »Tiefer Schnitt ins Fleisch« – unter dieser Überschrift veröffentlicht die ungarische Zeitung »Husbavagok« einen Artikel, der sich mit der Situation ungarischer Schlachter in Deutschland beschäftigt. In ihr Heimatland zurückgekehrte Arbeiter erzählen darin, wie sie die Praxis der »Sozialabkommen« erlebt haben:

»Die ungarischen Fleischer, die nach Nord-Deutschland gefahren sind, um in den dortigen Schlachthöfen sich selbst auszuprobieren und natürlich, um Geld zu verdienen, haben gewaltig geschimpft. Die von ungarischen Vermittlungsfirmen angestellten Vorarbeiter ließen die ungarischen Jungs nämlich 12-14-16, sogar 20 Stunden ohne jegliche Pause arbeiten. Zahlreiche ungarische Schlachter fliehen aus Deutschland zurück nach Ungarn, weil sie von dem unmenschlichen Führungsstil die Nase voll haben.«

Der Artikel liest sich wie ein Dokument aus den dunkelsten Zeiten der industriellen Revolution. Einer der Arbeiter erzählt:

»Jeder arbeitet dort so, dass er zuerst einen Vorschuss von 600 DM, später weitere 300 DM bekommt. Das ist aber nichts. Als ich hingefahren bin, haben wir am ersten Tag 23 Stunden Arbeit gehabt. Es wurde gesagt, macht euch keine Sorgen, die Arbeitszeit kann sogar auf 13–14 Stunden reduziert werden. (…) Einmal schnitt ich mir in die Hand, weil ich weder Schutzhandschuhe, noch Unterarmschutz hatte. Einen Monat lang hatte ich leichtere Arbeit zu tun, dann nahmen wir die Bänder von meinen zusammengenähten Muskelfasern ab. Ich stellte mich wieder zur Arbeit ans Förderband – nach drei Wochen konnte ich es einfach nicht mehr. (…) Einmal schrie uns einer von ihnen (deutsche Vorarbeiter, Anm. d. Autors) am Förderband an: In Ungarn solltet ihr mit dem Maschinengewehr angeschossen werden oder in ein Konzentrationslager gesperrt werden.«

Ein rumänischer Arbeiter, der aus Angst unerkannt bleiben will, bringt in REPORT MAINZ die Verhältnisse auf den Punkt:

»Alle haben Angst kann ich sagen, alle haben Angst, wenn du viele Fragen hast, Chef sagen morgen nach Hause gehen und wenn du willst hier bleiben, dann ohne Fragen, es ist wie in Knast. Alle sind Sklaven alle Sklaven.«

Kontrollen des Arbeitsamtes sind praktisch wirkungslos. Unter den ungarischen Fleischern wird ein Schreiben verteilt mit dem Titel: »Die während der Arbeitsplatzkontrollen von den deutschen Behörden gestellten Fragen.« Praktischerweise liefert das Papier die zu gebenden Antworten gleich mit. Auf die Frage etwa, wie viele Stunden die Arbeiter am Band stehen, »empfiehlt« das Papier die Antwort: »Wir arbeiten mit wechselnder Arbeitszeit von 5 bis zu 8–9 Stunden, monatliches Niveau liegt bei 160 Stunden.« Den Verdienst sollen die Arbeiter mit 2150–2200 DM angeben. Auf die Frage, welche sonstigen Leistungen sie von ihrer Firma er-

hielten, heißt es: »Die Firma bezahlt die vollständige Unter-
kunftskosten, sichert das Hin- und Zurückfahren in die/von
der Arbeit zu, bezahlt die Waschkosten, hält einen Wagen für
die Heimfahrt in Betrieb, bezahlt eine Fahrt nach Ungarn
und eine Rückfahrt, bezahlt alle Versicherungen.« (Fehler
aus dem Originaldokument übernommen, Anm. d. Autors)
Zumindest auf dem Papier und für die Kontrollen geradezu
traumhafte Verhältnisse.

Die Gewalt eskaliert – »Tarifverhand-
lungen« mit dem Baseballschläger

8. 1. 2003, Badbergen. Im Wohnheim, auf das der entlasse-
ne Schlachter Reinhard Bauch täglich blickt, spitzt sich die
Lage zu. Rumänische Arbeiter sind in den Streik getreten. Es
sind Wilfried I.s Leute, seit Tagen weigern sie sich, wieder
an die Bänder zu gehen. Wochenlang, erzählen sie, hätten
sie bei den Großproduzenten D&S Fleisch und Gausepohl
auf Probe arbeiten müssen, ohne dafür je Geld zu sehen. Arbeitszeiten von über zwölf Stunden seien eher die Regel als
die Ausnahme. Sie erzählen von Blanko-Quittungen, die sie
über angeblich ausbezahlte Löhne ausstellen mussten und
von willkürlichen Lohnabzügen für Arbeitsmaterial. Laut
späteren Zeugenaussagen, versucht sie I. noch einmal mit
einem Vorschuss abzuspeisen, doch die Arbeiter haben genug.

Wilfried I. gerät unter Druck. Im Urteil des Landgerichts
Oldenburg 15. 10. 2004 gegen Wilfried I. ist nachzulesen,
mit welchen Methoden Wilfried I. versucht, seine Leute ein-
zuschüchtern:

»Zum Jahreswechsel 2002/2003 fuhr der Angeklagte (Wilfried I.) mit einigen rumänischen Personen nach P. Auf einem
dortigen Tankstellengelände kam es im Fahrzeug zu einem

Gespräch zwischen ihm und dem rumänischen Staatsangehörigen (...). B., der sich über die Arbeitsbedingungen und die Bezahlung der rumänischen Arbeiter, die vom Angeklagten auf deutschen Schlachthöfen eingesetzt wurden, beschwerte. Plötzlich zog der Angeklagte eine – wie B. annahm – scharfe Waffe hervor und hielt diese dem B in Richtung Schläfe, wobei er sinngemäß äußerte: ›Willst du sterben? Versuch das nicht noch einmal. Du weißt nicht, mit wem du dich anlegst.‹ B. fasste diese Äußerung als ernst auf.«

Der Rumäne hat allen Grund dazu. Die Polizei wird bei Wilfried I. später tatsächlich unter dem Fahrersitz seines Mercedes eine scharfe Pistole und Munition im Handschuhfach finden.

Seine »Browning« hat Wilfried I. auch in der Nacht zum 9. Januar 2003 dabei. Zusammen mit ungefähr 30 Mann, so schildern es Zeugen später, habe er das Wohnheim in Badbergen gestürmt, um dem Streik ein Ende zu machen. Sein Schlägertrupp habe ebenfalls aus rumänischen Arbeitern bestanden, die mit Baseballschlägern bewaffnet gewesen seien. Ohne Vorwarnung seien die Männer auf die Streikenden losgegangen.

Die Heimbewohner haben in einem selbstgedrehten Video am nächsten Morgen den Vorfall dokumentiert. Zu sehen sind eingetretene Türen. Das Waschbecken im Badezimmer ist zertrümmert, auf dem Boden Blutspritzer. »Sie haben die Tür eingetreten. Sie haben mich geschlagen, ich bin auf den Boden gefallen und dann haben sie angefangen, auf mich einzutreten«, erzählt einer der Arbeiter. Einem anderen wurde ein Zahn ausgeschlagen. Ein Dritter erzählt: »Ich habe versucht, mich zu schützen, aber sie haben mich aus dem Haus geprügelt. Ich war barfuß im Schnee nur in Hose und Unterhemd. Ich habe eine Stunde lang versucht, Hilfe zu finden, dann ist es mir gelungen, irgendwo reinzukommen und die Polizei zu rufen.« Wilfried I. habe sie mit der Pistole bedroht, auch das erzählen die Arbeiter. Die Bilanz: Mindestens ein Arbeiter muss mit Knochenbrüchen ins Krankenhaus eingeliefert werden. Blaue Augen, Blutergüsse, ausgeschlagene Zähne beklagen die anderen.

Wilfried I. hält sich für unschuldig. Er weiß, dass RE-PORT MAINZ über die Verhältnisse unter den rumänischen Schlachtern berichten wird. Kurzfristig sagt er ein Interview zu. Er wirkt nervös. Zum vereinbarten Termin kommt er nicht allein. Zwei Anwälte und sein Sohn begleiten ihn. In dem Interview schildert Wilfried I. seine Sicht der Vorkommnisse. Die Waffe habe er sich nur deshalb besorgt, weil er immer große Summen Bargeld im Auto transportiere, um seine Arbeiter zu bezahlen. Er habe Angst vor Überfällen gehabt. Dass er selbst das Wohnheim mit der Waffe überfallen hat, um den Streik niederzuschlagen, davon könne keine Rede sein:

»Hintergrund dieser Geschichte war, dass die Probleme hatten: Die einen Leute wollten arbeiten, die anderen nicht mehr. Ich kann nur sagen, ich habe versucht zu schlichten. Ich habe mit dieser Schlägerei in der Form nichts zu tun gehabt. Wir haben immer korrekt bezahlt und wir haben auch keine Beschwerden von irgendwelchen Leuten. Vier – ich sag noch mal vier, fünf Leute, die Probleme gemacht haben. 500 Leute, die mit der Arbeit und mit dem Geld zufrieden waren. Warum soll man Angst vor mir haben? Ich bin einfach ein bisschen sensibel gegen Erpressung.«

Nach acht Tagen Untersuchungshaft kommt Wilfried I. wieder auf freien Fuß. Mehr als illegalen Waffenbesitz kann ihm die Polizei nicht nachweisen.

Doch jetzt nimmt die Staatsanwaltschaft Oldenburg Wilfried I.s Geschäfte genauer unter die Lupe. Zum Verhängnis wird ihm schließlich nicht die Schlägerei, sondern die Art und Weise, wie Wilfried I.s Firmen das Sozialabkommen und ihre Werkverträge interpretieren.

Und: Nach der Eskalation im Wohnheim sind nun auch Wilfried I.s Arbeiter bereit, gegen Ihren ehemaligen Chef auszusagen. Die Aussagen belasten Wilfried I. schwer. Davon, dass er immer korrekt bezahlt habe und die Leute mit dem Geld und der Arbeit zufrieden gewesen seien, wie I. im Interview behauptete, kann demnach kaum die Rede sein. Simion L. zum Beispiel hatte 2001 bei der Firma Carnetec SRL angefangen, einem von vier Unternehmen, für die Wilfried I. verantwortlich war. Die Zustände, die der Zeuge schildert, erinnern an einen modernen Sklavenhandel. In seiner Aussage vom 12. 5. 2003 gibt er zu Protokoll:

»Obwohl ich einen gültigen Arbeitsvertrag hatte, sagte man mir am Anfang, dass ich warten müsse, bis ein Platz am Band für Schulterstücke frei werde; erst danach könnte ich anfangen zu arbeiten. (Bemerkung: Zu der Zeit warteten noch drei Personen, mit der Arbeit zu beginnen). Später erfuhr ich, dass das eine Taktik des Herrn I. war, wodurch er versuchte, gleich am Anfang eine Stellungnahme gegen die von ihm ausgeübten Ungerechtigkeiten zu unterbinden (wenn jemand versuchte, seine Rechte geltend zu machen, wurde er sofort nach Rumänien zurückgeschickt). (…) In der Regel begann unsere Arbeitszeit morgens um drei und endete um 15–17 Uhr; es kam aber auch nicht selten vor, dass wir die Arbeit um 1 oder 2 Uhr oder sogar um 24 Uhr aufnahmen. Der schlimmste Tag der Woche war der Sonntag, denn er war der längste, die Fleischstücke waren gefroren, sodass unsere Hände ständig gefroren waren. (…) Es war normal, dass wir etwa 8000 Schulterstücke an einem Tag zerlegten, es gab jedoch auch viele Tage, an denen wir 11 200 Stück pro Tag zerlegten, was eine unmenschliche Anstrengung bedeutete. (…) Die meisten von uns haben damals wegen des unmenschlichen Arbeitsrhythmus viel an Gewicht verloren. Es gab keinen, der nicht über Schmerzen in den Händen und im Rücken klagte; da wir das Geld aber brauchten, haben wir weitergemacht. Am Morgen dauerte es etwa eine halbe Stunde, bis wir unsere Hände gebrauchen konnten. Einige Kollegen haben es aufgegeben und sind nach Rumänien zurückgekehrt, da sie meinten, dass ihnen ihre Gesundheit wichtiger sei. Wenn jemand krank wurde und arbeitsunfähig war, erhielt er für die Tage, an denen er abwesend war, kein Geld. Wenn er nicht schnell genug gesund wurde, wurde er ersetzt und nach Hause geschickt; es kümmerte niemanden, dass die Arbeitsunfähigkeit den Arbeitsbedingungen zuzuschreiben war. Diejenigen, die Arbeitsunfälle hatten, wurden weiterhin zur Arbeit gebracht, auch wenn sie mit einer einzigen Hand arbeiteten. (…) Was uns noch fehlte, war die geeignete Arbeitskleidung. Den weißen Overall, der normalerweise täglich frisch hätte sein müssen, trugen wir 3–4 Tage hintereinander. Auch die Plastikhandschuhe, die wir unter den Metallhandschuhen trugen, damit unsere Hände vor Feuchtigkeit geschützt würden, wurden mehrere Tage nicht erneuert, obwohl sie schon am ersten Tag platzten, sodass wir ständig nasse Hände hatten, und wenn das Fleisch aus dem Gefrierschrank kam, waren wir gefroren. Auch das Schuhwerk war ein Problem, es kam selten vor, dass jemand neue Schuhe bekam, oder dass sie ausgewechselt wurden, wenn sie kaputt waren, dabei arbeiteten wir in einer nassen und kalten Umwelt.«

Einmal sei er mit seinem Vorarbeiter zu Wilfried I. gefahren, erzählt der rumänische Arbeiter in seiner Aussage. Der Vorarbeiter sollte Geld von I. bekommen, um die Arbeiter zu bezahlen: »Als er von der Begegnung mit Herrn I. herauskam, sagte mir der Vorarbeiter, dass er nicht so viel Geld erhalten hatte, wie er gehofft hatte, und dass man ihm gesagt habe, wenn jemand mit der Summe nicht zufrieden sei, der Betreffende sofort nach Rumänien zurückgeschickt werde.« Willkürliche Abzüge vom Lohn seien an der Tagesordnung gewesen: »Die Frage der Entlohnung wurde akut, nachdem Herr I. auch das Fließband zur Zerlegung von Schulterstücken übernommen hatte. Er begann allerlei zu erfinden und Kalkulationen zu machen, die im Vertrag nicht vorgesehen waren und gesetzlich keine Deckung hatten. Uns wurden vom Lohn Geld für Strafen abgezogen, mit der Begründung, wir hätten qualitätsmäßig nicht gut gearbeitet und als wir Belege verlangten, zeigte man uns Papiere, auf denen einige

Beträge standen, ohne Unterschrift, ohne Datum, von Stempeln keine Rede. Damals begann man auch, uns den Wert der Arbeitskleidung vom Lohn abzuziehen, obwohl diese Kleidung üblicherweise zum Inventar gehörte, als Gegenstände, für die wir hätten unterzeichnen müssen. Herr I. behauptete, dass er uns das Geld am Ende des Monats erstatten werde, was aber nur im Fall der sehr Hartnäckigen geschehen ist und von denen er meinte, es wäre besser, er geriete nicht in Konflikt mit ihnen.« Glaubt man der Aussage, haben sich die Lebens- und Arbeitsbedingungen für I.s Rumänen ständig verschlechtert: »Ab dem Zeitpunkt, als Herr I. auch das Fließband für Fleischlenden übernommen hatte, war das Gedränge in unserer Unterkunft unbeschreiblich, denn jetzt waren 30 Personen mehr hier untergebracht, insgesamt also 80 Personen. Einige hausten in Räumen ohne Türen, es gab Räume, wo 10–12 Personen auf einem Haufen untergebracht waren. Eines Tages ging der Abfluss kaputt und der ganze Schmutz kam im Erdgeschoss heraus. Statt den Schaden zu beseitigen, mussten wir mehr als eine Woche in dem Gestank leben und warten, dass Herr I. jemanden schickt, die Sache in Ordnung zu bringen.«

Bei Kontrollen des Arbeitsamtes im Betrieb galten, der Aussage des Arbeiters zufolge, ganz eigene Regeln: »Der Vorarbeiter versammelte uns alle und sagte uns, wir hätten den Beamten zu erklären, dass wir wöchentlich 40 Stunden arbeiten, dass wir mit 2800–2900 DM monatlich entlohnt werden, obwohl wir nie mehr als 2250 DM erhalten haben, und das nur einmal im Mai (...); es war übrigens gar nicht so wichtig, was wir sagten, da der einzige Übersetzer der Vorarbeiter war, der die Interessen des Herrn I. verteidigte. Die Beamten vom Arbeitsamt hatten keinen unparteiischen Übersetzer (...) Diese Kontrollen haben nie ein Ergebnis gezeigt, da die Leute im Büro im Voraus (einen Tag oder mindestens einige Stunden) wussten, wann die Kontrollen stattfinden werden. Wenn das Arbeitsamt angesagt war, sagte uns der Vorarbeiter, dass der Arbeitsrhythmus langsamer sein müsse, damit die kontrollierenden Beamten nicht argwöhnisch würden.«

Schwere Vorwürfe gegen Wilfried I., die er pauschal von sich weist. Doch Simion L. ist nicht der einzige Zeuge, der I. belastet. Stefan P. gibt in einer notariell festgehaltenen Erklärung zu Protokoll:»Ich, Stefan P., war zwei Jahre lang als Mitarbeiter des Herrn I. tätig und kann die Erklärung des Herrn Simion L. bestätigen. Ich war mit Simion L. Arbeitskollege, während er bei der Firma Carnetec SRL in Deutschland gearbeitet hat und möchte seine Aussagen erhärten, indem ich erkläre, dass die von Herrn L. beschriebenen Praktiken auch vor seinem Kommen üblich waren und dass sie auch nachdem er die Firma verlassen hat, weitergeführt wurden.«

Die Ermittler haben nun genügend Verdachtsmomente, um Wilfried I.s Telefon abzuhören. Wenige Monate nach den Aussagen der Arbeiter, im Oktober 2003 werden die Beamten Zeugen des Gesprächs, in dem es um die katastrophale Hygiene geht. Doch sie bekommen auch einen Einblick, wie rau das Betriebsklima auch nach der Schlägerei im Wohnheim bei D&S Fleisch geblieben ist. In dem Gespräch geht es wieder um Streiks. Vier Männer haben gestreikt, hätten aber nach einer halben Stunde wieder angefangen zu arbeiten, erfährt Wilfried I. in dem Gespräch mit dem D&S Fleisch-Betriebsleiter. Gestreikt werde in Deutschland nicht, versichert I. dem D&S Fleisch-Betriebsleiter. Er werde sich um das Problem kümmern – auf seine Art:»Streiken lass ich nicht zu, die fliegen als erstes raus, bumm.« Die möglichen Gründe für den Streik interessieren weder Wilfried I. noch den Verantwortlichen bei D&S Fleisch. Ungehalten poltert der Betriebsleiter:»Das ist mit scheißegal. Weißte was, mich interessiert nur eine Sache, dass es läuft.« Anderenfalls würde er eine Rechnung rausholen, die er noch unter der Schreibtischschublade habe. Vermutlich belastet die Rechnung I., denn die Drohung mit der Rechnung wirkt: Stammelnd verspricht I. dafür zu sorgen, dass der Betrieb reibungslos läuft.

Für die Oldenburger Staatsanwaltschaft ist dies nur ein

Nebenkriegsschauplatz. Staatsanwalt Bernard Südbeck und der Zoll haben es auf etwas anderes abgesehen. Sie wollen nicht nur Wilfried I. wegen illegaler Beschäftigung ins Gefängnis bringen, sondern ermitteln längst auch gegen die Geschäftsführer von D&S Fleisch: Herbert Dreckmann und Joachim Scholten. Gegen Wilfried I.s Methoden hatten die offenbar nie etwas einzuwenden. Nach und nach vergeben sie immer mehr Aufträge an den rabiaten Subunternehmer. Laut späterem Urteil des Oldenburger Landgerichtes gegen die Geschäftsführer von D&S Fleisch waren Wilfried I.s Billigkräfte letztlich sogar der Grund für den Aufstieg des Unternehmens zum Fleischriesen:

»Die Geschäftsbeziehungen zwischen dem Angeklagten und der D&S Fleisch haben sich im Lauf der Jahre ausgeweitet und den Produktionsbetrieb der D&S Fleisch maßgeblich getragen, dessen Umsatzzahlen und Gewinne während dieser Zeit stark anstiegen.«

Für die D&S Fleisch-Manager lag es offenbar nahe, von Wilfried I.s Leuten auch andere Arbeiten erledigen zu lassen als Schlachten und Zerlegen: Kistenwaschen, Sauenschieben, Knochensägen, Transport von Fleisch ins Kühlhaus und LKW-Beladung. Hilfsarbeiterjobs also, die laut Sozialabkommen für die Rumänen eindeutig verboten waren. D&S Fleisch hätte für diese Arbeiten deutsche Hilfskräfte einstellen müssen. Doch mit den Rumänen konnte man nicht nur Lohn einsparen, sondern auch Sozialversicherungsbeiträge. Dass das illegal war, muss allen Beteiligten klar gewesen sein: Deshalb rechneten sie die Arbeitsleistung von Wilfried I.s Männern in Kilopreise von angeblich zerlegtem Fleisch um. Vier Jahre lang funktionierte das System, und es hat sich für alle Seiten offenbar gerechnet. Allein der Arbeitgeberanteil, um den D&S Fleisch laut Urteil des Landgerichts Oldenburg die Sozialversicherungen prellte, betrug 2 439 458 Euro, den Gesamtschaden berechnet das Landgericht Oldenburg mit 4 Millionen Euro.

Werkverträge für Kriminelle –
die dubiose Rolle des Landesarbeitsamtes

22. 1. 2003, Oldenburg. Der Vorfall im Wohnheim ist gerade mal zwei Wochen her, da erfahren die Beamten der Arbeitsmarktinspektion des Oldenburger Arbeitsamtes, dass ein neuer Werkvertrag zwischen einer Firma von Wilfried I. und D&S Fleisch genehmigt worden ist. Die Arbeitsmarktinspekteure sind entsetzt: Sie ermitteln bereits seit geraumer Zeit gegen Wilfried I. Zuletzt hatten sie den Schlachthof Gausepohl in Bakum unter die Lupe genommen. Auch bei Gausepohl stehen zu diesem Zeitpunkt am Schlachtband Rumänen, angestellt bei Wilfried I.s Firma Social Com. Die Überprüfung deckt verheerende Zustände auf, die Inspekteure fassen ihre Ermittlungsergebnisse zusammen:

»Die Prüfung der Lohn- und Beschäftigungsmodalitäten ergab, dass die erforderlichen Mindestarbeitsbedingungen nicht erfüllt werden. Mit zum Teil kriminellen Methoden wurden die rumänischen Werkvertragsarbeitnehmer zur Arbeit gezwungen. (Abnahme der Pässe, Zwang zu Blankounterschriften auf Lohn- und Arbeitszeitunterlagen, Beschäftigung ohne Krankenversicherung, Nichtzahlung der Löhne, massive Überschreitung der üblichen Arbeitszeiten, Einsatz von Gewalt mit Folgen schwerster Körperverletzungen).«

Telefonisch und schriftlich informieren die Oldenburger Ermittler darüber das Landesarbeitsamt Frankfurt am Main: »... mit der Maßgabe, weitere Verlängerungen bzw. Neuanträge zum o. a. Vertragsverhältnis zu verhindern«, wie es in einem Schreiben an die Frankfurter Behörde heißt.

Das Landesarbeitsamt Frankfurt am Main ist für die Genehmigung von Werkverträgen mit osteuropäischen Firmen zuständig. Bevor die Behörde einen Vertrag genehmigt, muss sie eine Reihe von Voraussetzungen prüfen. Insbesondere muss sie über die Einhaltung der so genannten Arbeitsmarktschutzklausel wachen. Das bedeutet: Vor der Genehmigung eines Werkvertrages muss grundsätzlich der Betriebsrat des Schlachthofes um eine Stellungnahme gebeten werden. Außerdem muss zweifelsfrei feststehen, dass es zu keinen Entlassungen deutscher Arbeitnehmer in dem Betrieb kommt, in dem die Osteuropäer anheuern sollen.

Doch in der Praxis kommt es immer wieder zu Verstößen. Tatsächlich verlieren reihenweise deutsche Subunternehmer ihre Aufträge und müssen ihre Schlachter entlassen. Die Beschwerden häufen sich derart, dass sich die Bundesanstalt für Arbeit in Nürnberg bereits im Juni 1999 veranlasst sieht, ihre Landesarbeitsämter noch einmal ausdrücklich auf die Arbeitnehmerschutzklausel in den Sozialabkommen hinzuweisen. Die Landesarbeitsämter sollen zukünftig vor der Entscheidung über die Genehmigung von Werkverträgen Erklärungen von den Schlachthöfen darüber verlangen, von wem die Arbeitsleistung bisher erbracht wurde. Die Landesarbeitsämter werden in dieser Weisung ausdrücklich dazu angehalten, auch Stellungnahmen von den bisher beschäftigten deutschen Subunternehmern einzuholen.

Diese Bestimmungen wurden im Fall Wilfried I. ausgesprochen lax gehandhabt. Dabei hatte die Oldenburger Arbeitsmarktinspektion das Landesarbeitsamt sogar ausdrücklich darauf hingewiesen, dass deutsche Subunternehmer mit inländischen Arbeitskräften zur Verfügung standen. Zudem hatte sich der deutsche Lohnschlachter Manfred Ideus bereits am 14. 1. 2004 an das Landesarbeitsamt Frankfurt am Main gewandt und darauf hingewiesen, dass etliche deutsche Subunternehmer vor dem wirtschaftlichen Aus stünden, weil sie gegen das Lohndumping der rumänischen Dienstleister keine Chance mehr hätten. Er erhält die lapidare Antwort:

»Zu ihrem Schreiben teile ich Ihnen mit, dass es sich bei dem Werkvertragsverfahren um ein formales Verfahren handelt; d. h., wenn die Voraussetzungen formulärmäßig vorliegen, ist die Zustimmung zu erteilen.«

Von der Arbeitsmarktschutzklausel, auf die das Amt wiederholt hingewiesen worden war, ist in dem Schreiben keine Rede. Unterschrieben ist dieses Schreiben von der Sachbearbeiterin, die auch Wilfried I.s neuen Werkvertrag genehmigt hat, trotz des Protestes aus dem Oldenburger Arbeitsamt. Wenn es um Wilfried I. ging, galten in der Frankfurter Behörde offenbar ganz eigene Gesetze.

Die Oldenburger Ermittler verstehen die Welt nicht mehr. Welchen Sinn machen Ermittlungen, wenn das Landesarbeitsamt die Ermittlungsergebnisse bei seinen Entscheidungen einfach ignoriert. In einem Brief an den Präsidenten des Landesarbeitsamtes beschweren sie sich:

»Diese Entscheidung ist für mich nicht nachvollziehbar. Ich bitte um Prüfung des Sachverhalts und ggf. Rücknahme der Entscheidung.« Ohne Rückendeckung des Landesarbeitsamtes Frankfurt am Main sehen sich die Oldenburger nicht mehr in der Lage, ihren Job zu machen, zumal sie massiv bedroht werden. »Ihr vorsichtig bei prüfen Fleisch, sonst Kugel in Kopf oder Messer in Rücken«, bekommen sie am Telefon zu hören, anonym. Sie kündigen daraufhin an, auf absehbare Zeit im Fleischbereich nicht weiter zu ermitteln.

Wie kriminell muss ein Subunternehmer sein, um von der Frankfurter Behörde gestoppt zu werden? Gegenüber dem ARD-Politikmagazin REPORT MAINZ will das Landesarbeitsamt Frankfurt am Main darüber keine Stellungnahme abgeben. Die Behörde verweist auf die Bundesanstalt für Arbeit in Nürnberg. Dort steht Abteilungsleiter Günther Schauenberg Rede und Antwort. Er versucht, die Entscheidung des Landesarbeitsamtes zu rechtfertigen:

»Bei vielen dieser Vorkommnisse geht es um sehr viel Geld, und bei sehr viel Geld geht es auch um die Möglichkeit von Schadensersatzklagen, deshalb werden wir bei solchen Feststellungen im Regelfall erst aktiv, wenn eine Gerichtsfeste, also ein Urteil vorliegt, gegen eine solche Erhebung kann das Unternehmen nämlich noch Rechtsmittel einlegen.«

Eine bemerkenswerte Aussage: Demnach hätte das Landesarbeitsamt überhaupt nicht anders entscheiden können. Erst nach einer Verurteilung Wilfried I.s also hätte er von weiteren Werkverträgen ausgeschlossen werden können. Doch das stimmt nicht: Im Falle der Firma Südfleisch in Passau hatte das Landesarbeitsamt die Genehmigung zu einem Werkvertrag verweigert. Hier ließ man sich auf den Rechtsstreit mit dem Unternehmen ein, um zu verhindern, dass dort 80 ungarische Schlachter und Zerleger anheuern. Die Merkwürdigkeiten in der Frankfurter Behörde veranlassen im November 2003 den Bundestagsabgeordneten Klaus Rose (CSU) zu einer Anfrage an Rezzo Schlauch, damals parlamentarischer Staatssekretär im Bundeswirtschaftsministerium. Er fragt: »Wurde zugunsten der Oldenburger Firmen politisch oder in sonstiger Weise interveniert?« In seiner Antwort betont Rezzo Schlauch die Bedeutung der Arbeitsmarktschutzklauseln, hält das Vorgehen des Amtes im Falle der Ungarn für angemessen.

Die vom Landesarbeitsamt vertretene Auffassung, man hätte gar nicht anders gekonnt als Wilfried I.s Vertrag zu genehmigen, entbehrt damit jeder Grundlage.

Wilfried I. ist am Ende

20. 11. 2003, Versmold. Es sind 300 Beamte von Zoll und Polizei, die zeitgleich zuschlagen. Sämtliche Geschäftsräume von Wilfried I. werden durchsucht. Der Schlachthof D&S Fleisch in Essen und alle anderen Betriebe, bei denen Wilfried I.s Leute angeheuert hatten, bekommen Besuch von Ermittlern. Nicht nur Wilfried I. wird verhaftet. Staatsanwalt Bernard Südbeck hat jetzt genug Beweismittel, um auch die Manager des »Aufsteigerunternehmens« D&S Fleisch zu verhaften.

28. 10. 2004, Oldenburg. Staatsanwalt Bernard Südbeck kann zufrieden sein. Zum ersten Mal ist es gelungen, nicht

nur einen Subunternehmer zur Verantwortung zu ziehen, sondern auch diejenigen, die von seinen Machenschaften profitieren. Das Landgericht Oldenburg verurteilt nicht nur Wilfried I., auch die Geschäftsführer von D&S Fleisch Herbert Dreckmann und Joachim Scholten müssen sich vor Gericht verantworten. Illegale Beschäftigung von Ausländern in größerem Umfang und Betrug in 52 Fällen zu Lasten der Sozialkassen wird ihnen vorgeworfen. Joachim Scholten muss ins Gefängnis: zwei Jahre und neun Monate. Außerdem muss er eine Geldstrafe in Höhe von 250 000 Euro bezahlen. Herbert Dreckmann bekommt zwei Jahre auf Bewährung und eine Geldstrafe von 270 000 Euro. Zudem muss das Unternehmen D&S Fleisch weitere 500 000 Euro an die Staatskasse bezahlen.

Auch Wilfried I. muss ins Gefängnis. Ihn verurteilt die Kammer zu drei Jahren und drei Monaten ohne Bewährung. Sein Privatvermögen bleibt erst einmal in Staatsgewalt. In nur wenigen Jahren hatte es der Versmolder Kaufmann und Fleischermeister mit der Ausbeutung von Rumänen zum Millionär gebracht: 4 Millionen Euro finden die Fahnder auf seinen Konten.

Der Wolf im Schafspelz:
Wilfried I.s Nachfolger Ingolf Röschmann

D&S Fleisch und die Hygiene –
nichts Neues aus Essen

23. 11. 2005, Neckarsulm. Bei der Firma Kaufland Fleischwaren SB GmbH & Co. KG ist man offenbar mit der Geduld am Ende. Der Lebensmittelkonzern ist unzufrieden mit seinem Lieferanten D&S Fleisch. Im November 2005 zieht Siegfried S. die Notbremse. S. ist bei Kaufland für den Einkauf von Rohstoffen, also Fleisch, zuständig. Er schreibt an Herbert Dreckmann. Seit dem D&S-Prozess, der seinen Kompagnon Scholten ins Gefängnis gebracht hat, führt Dreckmann jetzt maßgeblich die Geschäfte bei D&S Fleisch. Offenbar hat sich nichts Entscheidendes geändert beim Essener Fleischkonzern. Mit der Hygiene hat D&S Fleisch immer noch ein Problem: »Sehr geehrter Herr Dreckmann«, beklagt sich der Kaufland-Einkäufer, »die Auswertung der mikrobiologischen Werte im Wareneingang hat ergeben, dass bei dem Artikel QS S-Nacken m.(it) Kn.(ochen) Lose zum wiederholten Mal die Grenzwerte überschritten waren.« Es war wohl nicht das erste Mal, dass Fleisch des Unternehmens mit Keimen verunreinigt war. Bei Kaufland will man das nicht länger hinnehmen: »Da Einhaltung der Frische und Garantie der Restlaufzeit im Markt für Kaufland eines der wichtigsten Elemente des Qualitätsanspruches darstellen, werden wir mit dem Thema Mikrobiologie ab sofort ohne Kompromiss vorgehen«, heißt es in dem Schreiben weiter. Das D&S-Nackenfleisch wird für den Einkauf bei Kaufland gesperrt. Wenige Tage später sieht sich Siegfried S. veranlasst, noch einmal an Dreckmann zu schreiben. Diesmal geht es um den Artikel

»QS S-Nuss gerollt ohne Nase«, bei dem zum wiederholten Mal die Grenzwerte überschritten wurden. S. will jetzt Reinigungsprotokolle und Abklatschproben sehen und verlangt einen Maßnahmenkatalog, wie D&S Fleisch seine Hygieneprobleme in den Griff bekommen will.

Kaufland ist nicht der einzige D&S-Kunde, der unzufrieden ist. Ein Duisburger Unternehmen schickt ebenfalls im November 2005 mehr als neun Tonnen »Speck I. m. Schwarte« an D&S Fleisch zurück. Grund der Retoure: »Grün verdorbene Ware«.

Ein anderes Retourenprotokoll betrifft 7799 Kilogramm Schädel, die an einen Kunden geliefert werden sollten. Auf dem Retourenprotokoll ist handschriftlich vermerkt: »Ware zurückgewiesen! Ware z. T. alt, schimmelig und übel riechend.« Außerdem sei der Container zu hoch gestapelt, ein hygienisches Entladen nicht möglich. Vom Autor auf diese Dokumente angesprochen, spielt D&S Fleisch-Geschäftsführer Herbert Dreckmann die Probleme herunter: Mit den strengen Eingangskontrollen bei Kaufland hätten alle Fleischproduzenten zu kämpfen. Die Anforderungen könne man kaum einhalten. Die verschimmelten Köpfe seien einer »Havarie« geschuldet. Die Kühlanlage eines LKW sei ausgefallen. So etwas könne passieren.

Zwei Jahre ist es inzwischen her, dass Wilfried I.s Rumänen für verheerende hygienische Verhältnisse im Berieb gesorgt haben. Ein Jahr ist seit dem Prozess vergangen, der Wilfried I. und Joachim Scholten ins Gefängnis gebracht hat. Geändert hat sich in dieser Zeit wenig. Wilfried I.s Platz hat jetzt ein anderer Subunternehmer eingenommen: Ingolf Röschmann.

Kein Grund zur Sorge?
Die EU-Osterweiterung

30. 4. 2004, Berlin. Am Vorabend der Osterweiterung gibt Bundeskanzler Gerhard Schröder eine Regierungserklärung vor dem Deutschen Bundestag ab. Der Beitritt von Polen, Tschechien, Ungarn, Slowenien, der Slowakei und der baltischen Staaten ist unpopulär in Deutschland. Fast fünf Millionen Arbeitslose zählt die Bundesagentur für Arbeit und viele Deutsche fürchten die Konkurrenz aus Osteuropa. Gerhard Schröder geht deshalb ausführlich auf die Arbeitsmarktsituation ein:

»Meine Damen und Herren, die Bundesregierung nimmt die Sorge, dass durch die Erweiterung der Druck auf den Arbeitsmarkt wächst, ernst. Für Arbeitnehmer aus den mittel- und osteuropäischen Staaten gelten daher beim Zugang zu unserem Arbeitsmarkt zunächst einmal die bisherigen Bestimmungen weiter. Bis 2011 können wir so einen kontrollierten, an den Bedürfnissen unserer Arbeitsmärkte orientierten Zugang gewährleisten.« Die Regierung Schröder hatte sich bei den Beitrittsverhandlungen dafür stark gemacht, dass die Arbeitnehmerfreizügigkeit für Bürger aus den Beitrittsländern beschränkt bleibt. In den osteuropäischen Staaten hat sich der Kanzler damit keine Freunde gemacht, aber das Ziel, den deutschen Arbeitsmarkt zu schützen, hatte höhere Priorität.

Diese Politik beruhte jedoch auf einer fatalen Fehleinschätzung. Die Arbeitnehmerfreizügigkeit war überhaupt nicht die entscheidende Bedrohung für den deutschen Arbeitsmarkt: Wieso sollte ein polnischer Arbeiter attraktiver für einen deutschen Arbeitgeber sein als ein Deutscher? Schließlich hätte er hier zu den selben Tariflöhnen und sozialen Bedingungen eingestellt werden müssen wie sein deutscher Kollege. Alleine schon aufgrund der Sprachprobleme hätten Arbeiter aus den Beitrittsländern kaum eine ernsthafte Konkurrenz dargestellt, es sei denn, sie arbeiteten für weniger Geld.

Die eigentliche Bedrohung für den deutschen Arbeitsmarkt, die Dienstleistungsfreiheit innerhalb der EU, erwähnt der Kanzler nicht einmal in seiner Regierungserklärung. Die Dienstleistungsfreiheit ermöglicht es allen Firmen in den Beitrittsländern, Aufträge in Deutschland anzunehmen und hier haben die Beitrittsländer einen enormen Vorteil: Sie können Dienstleistungen zu den sozialen Bedingungen des Heimatlandes anbieten, also konkurrenzlos günstig. Dass Schlachten und Zerlegen in Deutschland als Dienstleistung angesehen wird, sollte sich als fatal erweisen. War das Anheuern von billigen Arbeitskräften vorher nur über das komplizierte System der Werkverträge möglich, fielen nun alle Schranken. Arbeitsmarktschutzklauseln, wie sie für die Werkvertragsabkommen galten, fehlten nun vollständig.

Freiheit grenzenlos: Deutsche Subunternehmer machen Kasse

1. 5. 2004, Badbergen. Es sind schlechte Nachrichten, die den Schlachter Reinhard Bauch an diesem Morgen erwarten. Seit einigen Monaten hat er wieder einen Job als Schlachter. Er steht bei D&S Fleisch in Essen am Band zusammen mit rund 30 anderen Deutschen. Angestellt ist er – branchenüblich – nicht direkt bei D&S Fleisch, sondern bei einem Subunternehmer: Ingolf Röschmann aus Visbek. Reinhard Bauch kann sich noch gut erinnern, wie Ingolf Röschmann am 1. Mai, pünktlich zur Osterweiterung der EU, den Männern erklärte, dass er sie nicht mehr braucht: »Er sagte uns, wir würden zu viel Geld verdienen, er könnte das nicht billiger machen, deswegen würde er die Arbeiter nicht mehr behalten.«

Ingolf Röschmann war offenbar gut vorbereitet auf die EU-Osterweiterung: Die Polen, die Reinhard Bauchs Arbeit jetzt machen sollten, waren bereits angereist.

Untergebracht hatte sie Ingolf Röschmann ausgerechnet in dem Wohnheim, auf das Reinhard Bauch tagtäglich blickt. Es ist das Wohnheim in Badbergen, in dem Wilfried I.s Arbeiter blutig geschlagen wurden. An Wilfried I.s Stelle ist nun also Ingolf Röschmann getreten, an die der Rumänen – dank der Osterweiterung der EU – Polen. Die Arbeitsbedingungen an den Bändern von D&S Fleisch haben sich trotz des Prozesses gegen Wilfried I. und die D&S Fleisch-Geschäftsführer offenbar nicht grundsätzlich geändert.

Im Februar 2005 besucht ein Fernsehteam von REPORT MAINZ das Wohnheim. Als die Bewohner die Dreharbeiten bemerken, winken sie das Team zu sich herein. Sie wollen über Ihre Situation reden. Sie sind in Streik getreten, erzählen von ausstehenden Löhnen, die Ingolf Röschmann ihnen schulde.

»Vier Tage, dass kein Geld! Alles Leute warten Montag, Dienstag, alles Leute warten«, schimpft einer der Arbeiter in gebrochenem Deutsch. Die Verständigung ist mühselig. Deshalb versuchen sich die Männer mit Händen und Füßen irgendwie verständlich zu machen. Einer der Arbeiter zieht seine Schuhe und Strümpfe aus, er zeigt auf seine dick angeschwollenen Füße. Er müsste zum Arzt, doch es gibt weder einen Betreuer noch einen Dolmetscher. Angeschwollen sind sie offenbar vom langen Stehen am Schlachtband.

Ein anderer Arbeiter schreibt auf einen Zettel, wie lange sie täglich arbeiten müssen: von halb fünf Uhr morgens bis zwanzig Uhr. Täglich fast 16 Stunden also – und das sechs Tage die Woche. 1000 Euro im Monat bekämen sie dafür, umgerechnet nicht einmal ein Stundenlohn von drei Euro. Sie wollen nur noch zurück nach Polen, von der Arbeit in Deutschland haben sie genug. Doch ohne ihren Lohn, der noch immer aussteht, wollen sie nicht fahren.

Offiziell angestellt sind die streikenden Arbeiter bei einer polnischen Firma namens »Pilarz«. Dabei handelt es sich um einen kleinen Schlachtbetrieb vor den Toren von Panki, einem winzigen Dorf, etwa eine Stunde von Oppeln entfernt. Die Hälfte der Firma gehört zu diesem Zeitpunkt Ingolf Röschmann. Rund einhundert Männer seien über diesen Schlachthof in Deutschland beschäftigt, erzählen die Polen im Wohnheim, eine Zahl, die Ingolf Röschmann später selbst bestätigt. Es ist schwer zu glauben, dass der kleine polnische Betrieb derart viele Mitarbeiter nach ihrer Rückkehr wieder aufnehmen könnte. Offenbar handelt es sich bei diesem Betrieb hauptsächlich um einen so genannten Anwerberbetrieb, das heißt, seine Hauptfunktion ist es, auf dem Papier einen funktionierenden Betrieb in Polen vorzuhalten, um nicht in den Verdacht der illegalen Beschäftigung zu geraten. Im Sommer 2005 macht sich der Autor mit einem Team des SWR auf den Weg nach Panki, um mehr über die Geschäfte von Ingolf Röschmann zu erfahren. In Panki ist ein Mann, der sich als »Pilarz« vorstellt, schließlich zu einem Interview bereit. Über die Arbeitsverhältnisse seiner Leute in Deutschland erzählt er eine ganz eigene Version. Von Streiks könne überhaupt keine Rede sein: »Überhaupt nicht wahr. Das ist nicht wahr«, schimpft er: »Die Leute sind zufrieden. Sie werden regelmäßig ausbezahlt, sodass es nie eine Situation gab, wo das Fließband abgeschaltet wurde. Ganz im Gegenteil, alle sind zufrieden und erinnern sich sehr gerne daran, weil sie dort bessere soziale Bedingungen haben als hier in Polen. Sie wohnen zu zweit im Zimmer, so ist das also wirklich. Sie haben bessere Bedingungen als hier in Polen.« Damit konfrontiert, dass der Autor schließlich selbst mit den streikenden Arbeitern geredet hätte, muss Pilarz schließlich doch einräumen, dass es Arbeitsniederlegungen gegeben hat. Doch auch dafür hat er eine Erklärung: »Vielleicht« sei das so gewesen. »Ich widerspreche nicht. Aber wenn es streikende Arbeiter gegeben hat, dann solche, die vom Alkohol runter müssen. Wenn es so einen Menschen gegeben haben sollte, ich widerspreche da gar nicht, dann einer, der wegen Wodka entlassen wurde.«

In Panki hört man allerdings ganz andere Geschichten. Die kleine Tankstelle neben der Dorfkirche ist ein Treffpunkt in Panki. Von den traumhaften Bedingungen, die angeblich in Deutschland herrschten, wissen die Männer, die hier ihr Feierabendbier genießen, nichts: »Wir haben einiges gehört«, erzählt einer der Männer. »Es geht darum, dass die Leute, die dort hingefahren sind, sich betrogen fühlten. Sie haben einfach weniger Geld bekommen, als ausgemacht war. Auf dem Papier waren fünf Euro die Stunde ausgemacht. Irgendeine Summe haben sie dann schon bekommen, aber der Lohn wurde gedrückt. Man hat ihnen Abzüge gemacht. Man kann sagen, es war nur die Hälfte.« Ein anderer empört sich über die Ausbeutung seiner Landsleute: »So werden hier die Leute ausgenutzt. Die Deutschen wollen nicht mal für zehn Euro arbeiten, die Polen aber sollen für fünf arbeiten, und dann werden sie noch um die Hälfte betrogen.«

Die Verurteilung der D&S Fleisch-Geschäftsführer und ihres Subunternehmers Wilfried I. hat offenbar nicht dazu geführt, dass sich bei D&S Fleisch irgendetwas grundsätzlich geändert hätte. Im Gegenteil: Staatsanwalt Südbeck beobachtet schon lange, dass die Strukturen in der Branche dieselben geblieben sind:

»Es ist so, dass in der Subunternehmerbranche sehr kriminelle Strukturen festzustellen sind. Es tauchen auch immer wieder die gleichen Namen auf. Personen die vorher im Zusammenhang mit zum Beispiel rumänischen Firmen standen, sind seit dem 1.5.2004 in anderen Ländern aktiv. Nämlich in den Beitrittsländern Polen, Litauen, Lettland und so weiter. Wir stellen immer wieder die gleichen Dinge fest, dass nämlich Löhne versprochen werden, die später nicht eingehalten werden. Dass Arbeitszeiten von acht Stunden pro Tag versprochen werden, und es sind nachher fünfzehn. Die Unterbringung soll kostenlos sein, und sie ist nachher nicht kostenlos. Das Arbeitsmaterial ist nicht kostenlos, es gibt gewaltige Abzüge. Einige Subunternehmer sind so dreist, dass sie gar keinen Lohn zahlen. Es hat mafiaähnliche Strukturen, muss man ganz klar sagen.«

Biedermann und ehemaliger
Bordellbetreiber: Ingolf Röschmann

18. 2. 2005, Visbek. Der Chef der streikenden Polen ist einer der einflussreichsten Subunternehmer der Branche: Ingolf Röschmann. Als Schäferhundzüchter genießt er einen tadellosen Ruf, hat etliche Preise mit seinen jungen Hündinnen gewonnen. Schäferhunde sind sichtbar seine Leidenschaft. Schäferhundkeramiken zieren seinen Vorgarten, selbst die Einfahrt zur Garage wird von kitschigen Schäferhundplastiken »bewacht«. Ingolf Röschmann führt nach außen das Leben eines Biedermannes und Lokalfürsten. Ihm gehört ein großes Steakhaus in der Nähe seines Heimatortes, im Wild-West-Stil ausgebaut, mit einem nachgebauten Planwagen vor der Tür. Für die Eröffnung des so genannten Road-Houses ließ sich der Chef in der Lokalpresse feiern. Kein Wunder, dass Ingolf Röschmann gereizt reagiert, spricht man ihn auf seine anderen Geschäfte an: In der nahgelegenen Kreisstadt Vechta liegt an einer der Ausfahrtsstraßen die »La Vita Bar«. Die Rollläden sind Tag und Nacht heruntergelassen. In der »La Vita Bar« bieten laut Eigenwerbung im Internet täglich sieben bis zwölf Frauen ihre Dienste an, »tabulos«, wie die einschlägige Anzeige verspricht. Betrieben wird das Bordell von der B+R Entertainment GmbH. Röschmann ist an ihr beteiligt, aber es ist ihm offenbar unangenehm, als »Puffbetreiber« aufzutreten. Kurz nachdem der Südwestrundfunk im Juni 2005 seine Aktivität im Rotlicht aufgedeckt hatte, trennt sich Röschmann von seinen Beteiligungen und lässt seitdem seinen Anwalt Zeitungen auf Gegendarstellung verklagen, die weiter behaupten, er habe etwas mit der »La Vita Bar« zu tun.

1100 Menschen beschäftigt Ingolf Röschmann zu diesem Zeitpunkt nach eigenen Angaben, davon 400 Osteuropäer. Damit ist er ein bedeutender »Mittelständler« in der eher strukturschwachen Region. Wie viele Firmen zu seinem Imperium gehören, weiß vermutlich außer ihm niemand.

Richtig ungehalten wird Ingolf Röschmann, wenn man ihn auf die Streiks seiner polnischen Arbeiter anspricht. Ähnlich wie schon Wilfried I. bestreitet er, dass es Streiks gebe. Auch er beschwert sich über geldgierige Schlachter, die einfach nicht einsehen wollten, dass er immer korrekt bezahlen würde.

Überlange Arbeitszeiten, die die Polen immer wieder beklagen, kämen nur in absoluten Ausnahmefällen vor.

Röschmanns polnische Arbeiter im Wohnheim von Badbergen sehen das allerdings anders. Am 25. August 2005 wenden sie sich in ihrer Verzweiflung sogar schriftlich an den polnischen Konsul Lukasz Koterwa. Wörtlich heißt es in dem Schreiben: »Wir bitten Herrn Konsul Koterwa um Hilfe. Wir haben täglich 14–16 Stunden gearbeitet, uns fehlen entscheidende Dokumente. Wir haben keine ärztliche Versorgung, wohnen in sehr schlechten Unterkünften und haben viele Probleme mit unserem Arbeitgeber. Seit 24. 8. 05 protestieren wir gegen diese Missstände. Bis heute haben wir kein Geld bekommen, um nach Polen zu fahren, damit wir uns ärztlich versorgen können. Wir bitten um schnellste Hilfe.« Unterschrieben ist der Brief von 30 Arbeitern. Tatsächlich besichtigt der polnische Konsul wenig später das Wohnheim in Badbergen. Er kommt zu dem Ergebnis, dass an den Verhältnissen nichts auszusetzen sei. Nach diesem Besuch, geben einige Polen die Hoffnung endgültig auf, dass sich etwas ändern würde. Kurz vor Weihnachten 2005 sind es 35 Mann, die einfach ihre Sachen packen und verschwinden.

In der WDR-Dokumentation »die Story: die Fleischmafia« (ein Film des Autors) gibt Ingolf Röschmann dafür eine einfache Erklärung:

»Heute ist jeder Pole so schwer zufrieden zu stellen, dass es gar nicht mehr machbar ist. Überhaupt sich mit den Leuten noch groß zu unterhalten, das bringt überhaupt nichts. Die Leute sind einfach nicht in der Lage, sich dem deutschen Markt anzupassen.«

So redet einer, der offenbar einen Hungerlohn und menschenunwürdige Arbeitszeiten für angemessen im »deutschen Markt« hält. Und mit seiner Einschätzung liegt er gar nicht so falsch: Zumindest in der Fleischindustrie zählt Deutschland im Jahr 2005 zu den absoluten Billiglohnländern. Zwei dänische Schlachterei-Konzerne, Tulip und Danish Crown schließen 2004 in ihrer Heimat Schlachthöfe und kaufen deutsche Betriebe in Oldenburg, Schüttdorf und Boizenburg auf. Die größte dänische Zeitung »Jyllands-Posten« sieht für die Verlagerung der Jobs nach Deutschland vor allem einen Grund: »Deutsche Schlachtereiarbeiter kosten ein Drittel von dem, was dänische kosten.« Laut dpa räumt die Geschäftsführung von Danish Crown ein, dass es allein um Kostensenkung geht: »Für uns ist uninteressant, was als Stundenlohn ausgezahlt wird und in welcher Form die Arbeiter ihren Lohn bekommen. Wir sehen nur die Gesamtkosten«, wird Gudrun Andreasen von Danish Crown zitiert. Danish Crown produziere in Deutschland zu 50 bis 75 Prozent der heimischen Kosten. Gegen den Vorwurf, Osteuropäer auszubeuten, wehrt sich Danish Crown in einer Unternehmensmitteilung:

»Zu den generellen Fragen in Bezug auf den Einsatz des Werkvertragssystems in Deutschland können wir uns als Unternehmen nicht äußern. Wir können als Unternehmen lediglich feststellen, dass das System von allen bedeutenden Akteuren in der deutschen Fleischbranche eingesetzt wird. Von Danish Crown wird dabei das System nur in sehr bescheidenem Umfang eingesetzt. Danish Crown ist aber sehr daran gelegen, dass die Beschäftigung in den internationalen Unternehmen des Konzerns unter geregelten Verhältnissen erfolgt.«

Einer der Arbeitskräftebeschaffer bei Danish Crown ist Ingolf Röschmann. Gegen ihn ermittelt der Oldenburger Staatsanwalt Bernard Südbeck seit Monaten. Er wirft Röschmann vor, ähnliche Geschäfte gemacht zu haben wie seinerzeit Wilfried I. Auch Röschmann beschäftigte Rumänen, die angeblich von rumänischen Schlachthöfen geschickt waren. In mühevoller Kleinarbeit über langwierige Rechtshilfeersuche mit rumänischen Ermittlungsbehörden gelingt es Südbeck schließlich nachzuweisen, dass es sich bei zwei der angeblichen rumänischen Schlachthöfe, den Firmen S.C. Donau Fleisch Impex S.R.L. und der S.C. Munca Mediomag Impex S.R.L. lediglich um Anwerberbüros handelte. Ein schwerwiegender Vorwurf aus Sicht der Staatsanwaltschaft. Im ARD-Politikmagazin REPORT MAINZ erläutert Südbeck die Rechtslage: »Wenn wir feststellen, dass es in einem osteuropäischen Land beispielsweise nur ein Anwerberbüro gibt und keine aktive Produktionsstätte, beispielsweise Schlachthof, dann gehen wir davon aus, dass es sich, wenn die Ausländer hier arbeiten, um illegale Beschäftigung handelt. Die Ausländer sind dann hier in Deutschland sozialversicherungspflichtig und wir haben dann zum einen Verstöße gegen das Schwarzarbeitsbekämpfungsgesetz und auch Betrug zum Nachteil der Sozialversicherung.«

Kurz vor Weihnachten 2005 lässt Südbeck Röschmann verhaften. Nach drei Tagen Haft räumt Ingolf Röschmann alle wesentlichen Vorwürfe ein: 50 Rumänen, die er zwischen Juli 2002 und März 2004 beschäftigt hatte, kamen über eigens gegründete Anwerbebüros. Rumänische Schlachtbetriebe hat es nie gegeben. Röschmann unterschreibt ein Schuldeingeständnis über 400 000 Euro – die Summe, um die er die Sozialversicherungen betrogen hatte. Der Prozess gegen ihn steht noch aus. Die illegale Beschäftigung der Rumänen wird ihm vermutlich ein Jahr Haft auf Bewährung einbringen. Im Interview mit dem WDR (»die Story: die Fleischmafia«) räumt Röschmann reumütig ein, »Fehler« gemacht zu haben.

Auch bei Danish Crown waren Röschmanns Rumänen illegal eingesetzt. Doch der Konzern, der nach eigenen Angaben so viel Wert auf »geregelte Verhältnisse« legt, sieht keine Veranlassung, seine Geschäftsbeziehungen zu Röschmann zu beenden. Über die Röschmann-Firma Unipork arbeiten auch nach dem Geständnis weiter 300 Arbeiter bei Danish-Crown.

Die Akte Röschmann ist damit für die Oldenburger Staatsanwaltschaft noch lange nicht geschlossen.

Wie bei Röschmann Polen zu Deutschen werden

23. 5. 2005, Oppeln. »Praca w Niemczech«, »Praca w Holandii«, Arbeit in Deutschland, Arbeit in den Niederlanden; die großen Transparente der Arbeitsvermittler sind in Oppeln nicht zu übersehen. Das einstmals deutsche Oppeln ist ein begehrter Markt für Arbeitsvermittlungsagenturen. Rund 40 solcher Arbeitsvermittler gibt es in der Kleinstadt. Sie haben es vor allem auf eins abgesehen: Polen mit deutscher Staatsangehörigkeit in den Westen zu vermitteln. In der Fleisch- und Bauindustrie sind die Deutsch-Polen begehrt. Sie verdienen nur wenig mehr als polnische Arbeiter, haben für Arbeitgeber im Westen aber einen entscheidenden Vorteil: Für sie gilt die Beschränkung der Arbeitnehmerfreizügigkeit nicht. Das heißt, sie können jenseits von Werkverträgen beliebig lange und flexibel eingesetzt werden.

An den Schaltern des deutschen Generalkonsulats in Breslau bilden sich schon morgens lange Schlangen. Angesichts der miserablen wirtschaftlichen Lage im heute polnischen Schlesien, besinnen sich etliche Polen ihrer deutschen Wurzeln und beantragen die deutsche Staatsbürgerschaft. Um nationale Identität geht es dabei wohl in den wenigsten Fällen. Kaum jemand der Menschen, die hier anstehen, spricht auch nur ein Wort deutsch. »Ich habe gerade mein Abitur gemacht und möchte jetzt in Deutschland arbeiten«, erzählt ein junger Mann. Eine Mutter, die mit ihren beiden jugendlichen Söhnen ins Generalkonsulat gekommen ist, meint:

86

»Die Jungs bekommen hier keine Arbeit. Aber dort, wenn sie hinfahren, können sie dort Geld verdienen und irgendwie leben.«

Die deutsche Abstammung zu beweisen, ist dabei keineswegs einfach. Voraussetzung sind deutsche Vorfahren, die seit 1914 ununterbrochen in den Grenzen des »Reichsgebiets« von 1937 gelebt haben. Das Generalkonsulat verlangt darüber Originaldokumente. Um Korruption zu vermeiden, wird nicht vor Ort in Breslau über die Staatsbürgerschaften entschieden, sondern beim Bundesverwaltungsamt in Köln. Erst wenn Köln die eingereichten Dokumente überprüft hat, wird das begehrte gelbe Dokument, das die deutsche Staatsbürgerschaft belegt, ausgehändigt. Oft dauert das Verfahren Jahre.

27. 5. 2005, Badbergen. Einer von Röschmanns Arbeitern will gegenüber REPORT MAINZ auspacken. Auch er hat genug von der brutalen Schufterei bei D&S Fleisch und den leeren Versprechungen seines Chefs Ingolf Röschmann. Er hätte nie geglaubt, dass es in Deutschland so zuginge, sagt er. Dann erzählt er, er habe die deutsche Staatsbürgerschaft. Aus seiner Hosentasche kramt er eine zusammengefaltete Klarsichthülle. Darin bewahrt er das begehrte gelbe Dokument auf, das seine deutsche Staatsbürgerschaft angeblich beweist. Das Dokument wirkt auf den ersten Blick echt. Es trägt den Bundesadler und einen Stempel des Kölner Bundesverwaltungsamtes und ist auf seinen Namen ausgestellt. Auf die Frage, ob er denn Deutscher sei, winkt er lachend ab: »Ach was! Ich habe nur polnische Verwandte. Man muss doch eigentlich alle Papiere haben, von den Großeltern und so.« Das Dokument habe ihm Janush verkauft für 150 Euro. Gemeint ist Janush B., die rechte Hand von Ingolf Röschmann. Janush selbst ist Deutsch-Pole und kümmert sich um die Löhne und Arbeitseinsätze der polnischen Arbeiter. Da Röschmann kein Polnisch spricht, ist er auf Janush angewiesen.

Irgendwann sei Janush auf ihn zugekommen, erzählt der

Arbeiter, und habe ihn gefragt, ob er nicht die deutsche Staatsbürgerschaft haben wolle. Dann bräuchte er sich auch um seine Arbeitserlaubnis keine Sorgen mehr zu machen. Und: Statt bei der polnischen Firma Pilarz angestellt zu sein, könne er dann direkt bei Röschmann anfangen. Er sei nicht der Einzige, erzählt der Arbeiter, der auf diese Weise auf dem Papier Deutscher wurde. Dutzende an den Bändern von D&S Fleisch seien auf diese Weise »eingedeutscht« worden. Auf die Frage, woher Janush die Staatsbürgerschaftsausweise bekäme, weiß der Arbeiter keine Antwort. Aber, erzählt er, Janush hätte ihm sogar einen deutschen Pass angeboten, der Preis: 10 000 Euro, die Hälfte als Vorauszahlung.

Brisante Aussagen, die der Arbeiter auch bei der Staatsanwaltschaft Oldenburg zu Protokoll gibt. Bernard Südbeck eröffnet daraufhin ein weiteres Ermittlungsverfahren gegen Ingolf Röschmann und seinen Mitarbeiter Janush B.

Anfang Juni bekommt Ingolf Röschmann Besuch vom Zoll. Noch weiß Röschmann nichts von den Aussagen des polnischen Kronzeugen. Die Beamten machen eine Stichprobe, lassen sich von zehn angeblichen Deutsch-Polen die Unterlagen zeigen. Die Daten lassen sie später vom Bundesverwaltungsamt in Köln überprüfen. Die zehn angeblichen Deutsch-Polen von Röschmann finden sich in den Akten allerdings nicht. Es kann nur eine Erklärung geben: Die Dokumente sind gefälscht. Ermutigt von dieser ersten Stichprobe, will der Zoll bei seinem nächsten Besuch alle Unterlagen der Deutsch-Polen, die für Röschmann arbeiten, sehen. Es sind insgesamt 52. Das Ergebnis der Kontrolle: 50 davon sind gefälscht. Nur die eines Ehepaares sind echt. Der polnische Kronzeuge hat dafür eine einfache Erklärung: »Er (Röschmann, Anm. d. Autors) hat da ein älteres Ehepaar, immer wenn es Kontrollen gab, hat er die vorgeschickt.«

Das System hat offenbar lange funktioniert, ohne dass irgendetwas aufgefallen war. Dank der gefälschten Staatsbürgerschaften bekamen die Polen sogar einen echten Sozialversicherungsausweis und eine AOK-Krankenkassenkarte.

An die echten Papiere zu kommen, ist offenbar einfach. Die Bundesversicherungsanstalt für Angestellte (BfA), die für die Ausstellung der Sozialversicherungsausweise zuständig ist, sieht es nicht als ihre Aufgabe an zu überprüfen, ob die ausländerrechtlichen Voraussetzungen überhaupt vorliegen. Die Behörde bestätigt, es genüge ihr, wenn der Arbeitgeber den entsprechenden Arbeiter anmeldet und für ihn Sozialversicherungen bezahlt. Alles andere sei Sache des Zolls. Die Krankenkassen wiederum verlassen sich auf die BfA: Wenn ein Sozialversicherungsausweis vorliege, habe man keine Handhabe, eine Krankenversicherung zu verweigern. Die Leichtigkeit, mit der Polen so zu Deutsch-Polen werden, lässt erahnen, dass längst nicht nur bei Röschmann so gearbeitet wird. Staatsanwalt Südbeck vermutet dahinter eine weit verbreitete Masche. Das Risiko aufzufliegen sei schließlich gering. Bei Kontrollen zeigen die Arbeiter einfach ihre echten Sozialversicherungsausweise. Und selbst wenn ein Kontrolleur mal nach der Staatsbürgerschaftsurkunde fragen würde, sei es dem einfach zu fälschenden Papier nicht anzusehen, dass es in Wirklichkeit aus dem Farbkopierer stamme.

Selbst Ingolf Röschmann will von Janushs Geschäften nichts gewusst haben. Er sieht sich als Opfer. Seinen bislang engen Mitarbeiter Janush B. entlässt er fristlos. In mehreren Telefonaten bestreitet er heftig, irgendetwas über Fälschungen in seiner Firma auch nur geahnt zu haben. Eine Erklärung dafür, wie es ihm entgangen sein konnte, dass Polen, die früher für seinen Dienstleister gearbeitet haben, auf einmal als Deutsche bei ihm anheuern, hat er allerdings nicht. Wenig überraschend auch, dass D&S Fleisch-Geschäftsführer Herbert Dreckmann angibt, nichts von alledem gewusst zu haben.

Janush B. selbst hatte offenbar kaum Hemmungen, wenn es darum ging, das schnelle Geld zu machen. Silvester 2004, erzählt der polnische Kronzeuge, seien drei Polen im Wohnheim aufgetaucht, die er nie zuvor dort gesehen hatte. Sie feierten gemeinsam, Bier floss literweise. Zu später Stunde brüsteten sich die drei fremden Polen damit, sie hätten ein Haus in Steinfeld angezündet. Die Polizei habe die Brandstiftung nicht erkannt und sei von einem Kurzschluss ausgegangen. Der Kronzeuge wurde hellhörig. Denn es sei gerade mal ein paar Wochen her gewesen, dass Janush ihn angesprochen hätte. Er hätte ihm 2000 Euro angeboten, wenn er ein Haus in Brand steckte. Die drei Polen waren offensichtlich stolz auf ihre Tat. Am nächsten Tag zeigten sie stolz dem Kronzeugen die noch dampfende Ruine.

Anfang Juni wird Janush B. verhaftet. Er leugnet, irgendetwas mit den Fälschungen zu tun zu haben. Aber er gesteht schließlich, Polen für die Brandstiftung angeheuert zu haben. Es war ein Freundschaftsdienst für einen Kollegen aus der Fleischbranche. Der wollte lästige Mieter loswerden und nebenbei die Versicherung betrügen.

Die Ermittlungen gegen Janush B. fördern allerdings noch mehr Kriminelles zu Tage. Im Kofferraum von Janushs Wagen findet die Polizei ein Notebook mit einer überaus interessanten Datei: »Mustergesundheitszeugnis.dot«, offenbar eine Fälschungsvorlage für Gesundheitszeugnisse. Diese Papiere sind eine Minimalvoraussetzung, um überhaupt in einem Schlachtbetrieb arbeiten zu dürfen. Darin wird bestätigt, dass die Arbeiter mit den Hygienebestimmungen vertraut sind. Um dieses »Zeugnis« zu bekommen, muss jeder Arbeiter beim Veterinäramt der zuständigen Kreisverwaltung über die gesetzlichen Bestimmungen belehrt werden. Rund 30 Euro kostet das je Arbeiter. Geld, das Janush B. offenbar einsparen wollte. Bei Überprüfungen findet der Zoll insgesamt 133 gefälschte Gesundheitszeugnisse. Auch davon will Ingolf Röschmann nichts gewusst haben.

»Gaunerpohl« und die Slowaken

16. 2. 2005, Chemnitz. In einem Hotel in der Nähe von Chemnitz treffen sich im Februar 60 deutsche Schlachter, die ihre Jobs verloren haben. Sie wollen beraten, wie es nun weitergehen soll. Gearbeitet hatten sie beim Chemnitzer Schlachthof, zum Teil schon zu Zeiten, als dieser noch VEB war. Jetzt stehen viele vor dem Nichts. Die meisten sind Mitte fünfzig, ihre Chancen auf dem Arbeitsmarkt, zumal in Ostdeutschland, sind gleich null. Angestellt waren auch sie zuletzt über einen Subunternehmer, der einen Werkvertrag bei der Firma Gausepohl hatte. Doch der Subunternehmer war mit seinen deutschen Arbeitern zu teuer. Sein Werkvertrag wurde nicht verlängert. An seiner Stelle sollte nun das slowakische Unternehmen »Eurokart« die Fleischzerlegung übernehmen.

Die Schlachter verstehen die Welt nicht mehr. »Also ich glaub, da sind alle Leute sauer hier bei uns. Wir haben dort gearbeitet so gut es geht, wir haben unsere Leistung gebracht und dann wird auf einmal der Betriebsvertrag gekündigt. Und dann kommen die Tschechen oder Slowaken rein. Man hört ja auch von der anderen Fleischindustrie, dass solche Sachen veranstaltet werden. Ich finde es eine riesenhafte Sauerei«, sagt einer der Schlachter in REPORT MAINZ. Unverständnis und Wut mischen sich mit Demokratieverdrossenheit: »Also, wenn es da nicht gewisse Gesetze gäbe, würden wir dann schon gewisse Taten machen. Aber was soll man da schon machen.« Die meisten machen sich keine Illusionen darüber, dass nun Hartz IV auf sie wartet. Eine Frau, Mitte fünfzig, spricht aus, was viele denken: »Du kannst sagen, du bist aus dem Arbeitsleben raus, auf Deutsch gesagt. In dem Alter. Brauchen wir doch nicht drüber reden. Weil, über vierzig auf dem Arbeitsamt? Ist nichts.«

Die Schlachterei Gausepohl hat ihren Stammsitz in Dissen in der Nähe von Oldenburg. Dortigen Ermittlern ist sie einschlägig bekannt. Gausepohl war eine der Firmen, an deren Bändern Wilfried I.s Rumänen ausgebeutet wurden. Geschäftsführer Heinz Gausepohl trägt in Schlachterkreisen seitdem den Spitznamen »Gaunerpohl«. Die Niederlassung in Chemnitz ist vergleichsweise klein.

Angesichts der öffentlichen Kritik an der Kündigung des Werkvertrages, sieht sich Gausepohl veranlasst, seine Entscheidung zu verteidigen. In einer Pressemitteilung behauptet die Firma, durch die Zusammenarbeit mit der slowakischen »Eurokart« seien am Standort 165 weitere Arbeitsplätze für Fachpersonal aus der Region gesichert worden. Weiter heißt es:

»Der Vertrag mit diesem Unternehmen entspricht den im Rahmen der EU-Osterweiterung geschaffenen gesetzlichen Bestimmungen, der sogenannten Dienstleistungsfreiheit innerhalb der EU, und ist politisch gewollt.«

Eine gewagte Behauptung, denn es gibt Zweifel, dass der Werkvertrag mit Eurokart überhaupt legal ist.

Untergebracht sind die slowakischen Arbeiter in einer ehemaligen, mittlerweile fast baufälligen Kindertagesstätte. Journalisten werden hier nicht gern gesehen. Ein Fernsehteam des Mitteldeutschen Rundfunks wird von einem der Vorarbeiter rüde vertrieben: »Es wäre besser, dass du hier sofort verschwindest, ansonsten dreh ich dir jetzt sofort den Hals um.« Die Arbeiter wollen nicht mit der Presse reden, haben Angst. Als ein tschechisches Fernsehteam mit ihnen ins Gespräch kommen will, bekommt der Journalist aus dem Fenster einen Zettel zugeworfen, darauf steht gekritzelt: »Hier sagt Ihnen keiner was, morgen wird ausbezahlt. Die haben uns gedroht, uns nichts zu bezahlen und uns von einer Minute auf die andere nach Hause zu schicken. Jeder hat hier die Nase voll. Die meisten warten auf ihren Lohn und wollen gehen.«

Dass solche Zustände »politisch gewollt« sind, wie Gausepohl behauptet, ist eher unwahrscheinlich. Das gilt auch für den Zustand des Wohnheims. Bilder, die dem Autor zugespielt wurden, belegen erbärmliche Bedingungen. In den Fluren stapeln sich Müllsäcke voller blut- und kotverschmierter Arbeitskleidung. Wegen der Infektionsgefahr wird die Arbeitskleidung normalerweise im Schlachthof gelassen und von Reinigungsfirmen abgeholt. In den Zimmern sieht es wenig besser aus: Schimmelflecken auf den Tapeten, und offenbar haben die Arbeiter nicht einmal Bettwäsche. Auf den vergammelten Matratzen fehlen die Laken. Auch auf Kühlschränke müssen die Slowaken verzichten. In Tüten hängen sie ihre Lebensmittel aus dem Fenster, damit sie nicht verderben.

Der Gewerkschafter Markus Dieterich von der NGG ist alarmiert über die Vorgänge in Chemnitz. Er will wissen, was es mit der Firma Eurokart auf sich hat. Schon der Auszug aus dem Handelsregister macht ihn stutzig: Vom Immobilienhandel, über Gaststättengewerbe, Handel mit Eisenwaren bis hin zum Betrieb von Solarien und Diskotheken reicht demnach die unternehmerische Tätigkeit der Eurokart. Das klingt nicht gerade nach einem seriösen Schlachthof. Im Februar macht sich Markus Dieterich in die Slowakei auf, begleitet vom Autoren und einem Kamerateam von RE-PORT MAINZ. In der slowakischen Kleinstadt Trencin hat die Eurokart ihren Sitz. Merkwürdigerweise nicht in einem Gewerbegebiet, wie man es von einem Schlachtbetrieb erwarten würde, sondern in einem Bürogebäude. Ein einfaches bedrucktes DIN-A4-Blatt dient als Firmenschild. Hinter der Eurokart, so der erste Anschein, verbirgt sich nichts weiter als ein kleines Büro. Als der Autor anklopft, öffnet ihm eine Frau, die deutsch spricht. Sie bestätigt, dass dies die Firma Eurokart sei, die für Gausepohl in Chemnitz arbeitet. Auf die

Frage, wo die Firma denn einen Schlachthof habe, antwortet die überraschte Frau: »Nein hier in der Slowakei nicht.« Für Markus Dieterich ist der Fall damit klar: »Es handelt sich hier also um ein Anwerberbüro. Das heißt, es werden nur Arbeitnehmer verliehen. Hierfür müsste man eine Arbeitsgenehmigung bekommen. Die bekommt man im Augenblick noch nicht, auf Grund der gesetzlichen Bestimmungen. Es ist also illegal. Und wir haben betroffene Arbeitnehmer in Deutschland, die auf Grund dieser Aktivitäten ihren Job verloren haben. NGG wird jetzt deshalb versuchen, auf Klagewegen, diese Verletzungen jetzt wieder zu heilen.«

Gausepohl kann sich demnach nicht länger auf eine politisch gewollte Dienstleistungsfreiheit berufen. Denn: Wenn die Dienstleistung eines osteuropäischen Unternehmens nur darin besteht, Arbeiter zu vermitteln, ist das nichts anderes als illegale Arbeitnehmerüberlassung. Kurz nach dem Bericht in REPORT MAINZ leitet die Staatsanwaltschaft Chemnitz ein Ermittlungsverfahren gegen Eurokart ein. Gut ein Jahr später wird das Verfahren wieder eingestellt. Die Firma kann für ihre Mitarbeiter so genannte E101-Bescheinigungen vorlegen. Diese Papiere belegen, dass für die Mitarbeiter in der Slowakei Sozialversicherungsbeiträge bezahlt werden. Der Frage, ob Eurokart überhaupt einen funktionierenden Betrieb im Heimatland hat, ging die Staatsanwaltschaft Chemnitz nicht nach.

Die Wirklichkeit hinter der Dienstleistungsfreiheit – Anwerberbüros

Sieben Millionen Tonnen Fleisch werden jedes Jahr in Deutschland produziert. Solchen Mengen steht nach Einschätzung von Markus Dieterich keine entsprechende Nachfrage der Verbraucher gegenüber. Er schätzt, dass in

Deutschland eine Überkapazität von etwa 30 Prozent produziert wird. Anders als in Dänemark oder den Niederlanden
konnten sich die deutschen Fleischproduzenten nicht auf einen Abbau der Überkapazitäten und eine Stabilisierung der
Preise einigen. Die Folge ist ein ruinöser Wettbewerb unter
den Fleischkonzernen, der zu einem verheerenden Preisver-
fall bei Fleisch geführt hat und zu einer paradoxen Situation:
Wer als Produzent mithalten will, muss seine Kosten senken,
rationalisieren. Entweder indem er weiter expandiert wie
etwa der Tönnies-Konzern oder indem er seine Arbeitskos-
ten radikal senkt.

Die Osterweiterung der EU löste in dieser Marktsituation
so etwas wie eine Goldgräberstimmung in der Fleischbranche
aus. Etliche Betriebe sahen die Chance, ihre Produktions-
kosten zu senken, indem sie ihre Stammbelegschaften weiter
abbauen und die Arbeit an osteuropäische Dienstleister vergeben.

Dies führte zu einer enormen Nachfrage nach billigen
Arbeitskräften aus Osteuropa. Eine Nachfrage, die funk-
tionierende osteuropäische Schlachtbetriebe in diesem Maß
überhaupt nicht befriedigen könnten. In der Praxis läuft das
Geschäft deshalb anders. Die Fleischproduzenten schließen
einen Werkvertrag mit einem deutschen Subunternehmer
ab. Woher der seine Leute bekommt, muss ihn nicht weiter
interessieren. Es sind dann meistens die deutschen Subunternehmer selbst, die sich Partner in Osteuropa suchen. Dort
wird dann auf dem Papier eine Firma gegründet, die in der
Regel nur die Aufgabe hat, die Arbeitskräfte anzuheuern. Der
deutsche Subunternehmer schließt dann wiederum einen
Werkvertrag mit dem eigens für seine Zwecke gegründeten
osteuropäischen Dienstleister ab.

Solche Konstruktionen sind geradezu eine Einladung dazu,
die Arbeiter auf niedrigstem Lohnniveau auszubeuten. Da im
Werkvertrag festgelegt ist, wie viel Geld der deutsche Subunternehmer für seinen Auftrag bekommt, kann er seinen
Gewinn nur maximieren, indem er seine Kosten senkt. Jeder

Euro, den er an seinen Arbeitern einspart, fließt insofern direkt als Gewinn in die Tasche des deutschen Subunternehmers. Betrügereien, Lohndumping, willkürliche Abzüge vom Lohn, überlange Arbeitszeiten, miserable Unterkünfte für die Arbeiter sind, wie viele Beispiele zeigen, inzwischen branchenübliche Methoden, um den maximalen Gewinn aus einem Werkvertrag zu ziehen.

»Ich weiß nicht mal, ob wir überhaupt Slowaken am Band haben!« – das System Westfleisch

11. 2. 2005, Levice, Slowakei. Der Gewerkschafter Markus Dieterich hat einen Tipp bekommen. Nicht nur in Trencin soll es ein Anwerberbüro geben. Etwa eine Stunde mit dem Auto entfernt, in Levice, soll ebenfalls ein dubioser Dienstleister seinen Sitz haben. Die Adresse »Demandice Nr. 220« lässt vermuten, dass sich auch hier kein Schlachtbetrieb befindet. Sie liegt mitten in der Innenstadt, ist die Adresse einer historischen Mühle, die heute als Bürogebäude genutzt wird. Tatsächlich hat die Firma EURA S.R.O. hier ihren Sitz. Das kleine Büro ist verwaist, niemand öffnet. Zumindest am Firmensitz, so der erste Eindruck, verbirgt sich hinter EURA kaum mehr als ein vielleicht 12 Quadratmeter großes Büro, ein Telefon und ein Briefkasten. Slowaken, die für diesen Dienstleister in Deutschland gearbeitet haben, erzählen nichts Gutes über die EURA. Ein Mann, der unerkannt bleiben will, kennt Rückkehrer. Im SWR-Film »Betrifft: Die Fleisch-Mafia« erzählt er: »Die haben, die haben Angst jetzt. Die wollen nicht darüber reden, über diese Sache, weil die haben Angst.« Auf die Frage des Autors, was denn die Menschen überhaupt dazu treibe, nach Deutschland zu gehen, erzählt der Mann: »Die Firma sagt den Leuten, dass sie müssen nichts bezahlen. Sie fahren nach Deutschland. Sie müssten nicht bezahlen für die Wohnung und für die Essen. Sie bekämen alles gratis und dann bekämen sie für die Arbeit 1200 Euro pro Monat. Sie haben gesagt, dass wenn sie unzufrieden sind, dann müssten sie zurückfahren und bekämen keinen Lohn.«

Nach zwei Tagen Recherchen in der Slowakei zieht Markus Dieterich ein bedrückendes Fazit: »Für mich ist das im Grunde genommen Menschenhandel, wie wir das aus der Prostitution kennen.«

Am 19. 2. 2005 berichtet der Autor in den »Tagesthemen« unter anderem über die Firma EURA S. R. O. und den Verdacht, dass es sich dabei nur um ein Anwerberbüro handelt. Die Reaktion ist ein wütender Brief eines der Gesellschafter der EURA, Eugen Nagy. Er behauptet, dass die EURA in der Slowakei einen Schweinezucht- und Zerlegebetrieb betreiben würde. Außerdem legt er Wert auf die Feststellung, dass »... wir in der Bundesrepublik Deutschland stets im Einklang mit den bestehenden Regelungen des europäischen und des deutschen Rechts tätig waren.« Wo sich der Schlacht- und Zerlegebetrieb der EURA befinden soll, darüber schweigt sich Eugen Nagy auch auf Nachfragen des Autors aus. Demgegenüber bestätigen zwei Mitgesellschafter, die sich zwischenzeitlich mit Eugen Nagy überworfen haben, schriftlich, dass die EURA weder eine Schweinezucht noch einen Zerlegebetrieb betreiben würde.

Auch eine andere Behauptung von Eugen Nagy erscheint zweifelhaft. In seinem Protestbrief behauptet er, es würden »weit höhere Löhne« als 1000 Euro im Monat gezahlt.

Die slowakischen Arbeiter, die in einem unauffälligen Einfamilienhaus in Metelen in der Nähe von Coesfeld untergebracht sind, erzählen etwas anderes: Gerade mal 800 Euro bekämen sie im Monat. Auch für slowakische Verhältnisse ein dürftiger Lohn, doch sie hätten keine andere Wahl: In ihrer Heimat gäbe es überhaupt keine Arbeit.

Eingesetzt sind die EURA-Mitarbeiter in Coesfeld bei Westfleisch, einem der größten Schlachtkonzerne mit fast zwölf Prozent Marktanteil in Deutschland. Mehr als 3000 Menschen arbeiten bei Westfleisch. Und wie mittlerweile üblich, fast zwei Drittel kommen laut Betriebsrat über Subunternehmer.

Helfried Giesen ist Geschäftsführender Vorstand von Westfleisch. Wochenlang verweigert er sich einem Interview, dabei sucht auch er sonst die Öffentlichkeit. Bei einer Sitzung des westfälisch-lippischen Landwirtschaftsverbandes sitzt er auf dem Podium neben Clemens Tönnies. Im Publikum: Schweinezüchter. Tönnies und Giesen reden, mal wieder, über Transparenz im Fleischmarkt. Diesmal kann Giesen einem Interview nicht ausweichen. Obwohl er zuvor mehrfach angefragt war, erscheint er merkwürdig ahnungslos:

FRAGE: »Wie viele Slowaken arbeiten bei Westfleisch?«

HELFRIED GIESEN: »Kann ich Ihnen aus dem Kopf beim besten Willen nicht sagen.«

FRAGE: »Wie viele Osteuropäer?«

HELFRIED GIESEN: »Auch die Frage, mit Verlaub Herr Peter, kann ich Ihnen aus dem Stegreif nicht beantworten. Ich bin gerne bereit, wenn Sie morgen mit mir sprechen wollen, Ihnen eine saubere Auskunft zusammenzustellen. Das kann ich aus dem Stegreif, wir haben über 3000 Mitarbeiter, Ihnen wirklich so nicht beziffern.«

FRAGE: »Von den 3000, wie viele sind denn deutsch. Können Sie das denn sagen?«

HELFRIED GIESEN: »Der deutlich überwiegende Anteil. Ich kann Ihnen bitte, mit Verlaub, die Zahl nicht aus dem Kopf jetzt sagen.«

FRAGE: »Wissen Sie, was ein slowakischer Schlachter bei Ihnen am Band verdient?«

HELFRIED GIESEN: »Ich weiß nicht, ob wir slowakische Schlachtarbeiter am Band haben.«

FRAGE: »Sie haben slowakische Schlachtarbeiter.«

HELFRIED GIESEN: »Wenn Sie das besser wissen, können wir das Interview jetzt ja damit auch beenden. Vielen Dank.«

Wenige Monate später kommt der Fleischmanager erneut in Erklärungsnöte. Am 15. 11. 2005 muss er die Mitglieder des Westfleisch-Aufsichtsrates über unangenehme Neuigkeiten informieren:

»... aufgrund von verschiedenen Pressemitteilungen vom 15. 11. 2005 soll die Bielefelder Schwerpunktstaatsanwaltschaft für Wirtschaftskriminalität gegen 11 Westfleisch Manager Ermittlungsverfahren eingeleitet haben wegen illegaler Arbeitnehmerüberlassung, Verstößen gegen das Arbeitszeitgesetz und Steuerhinterziehung. Die Ermittlungen sollen noch bis Anfang nächsten Jahres andauern. Die Schadenssumme sei noch nicht zu beziffern.

Nach den uns vorliegenden Erkenntnissen besteht der Vorwurf der Staatsanwaltschaft insbesondere darin, dass zwar das gesamte formelle Umfeld der Werkverträge ordnungsgemäß abgewickelt wurde, einschließlich Auditierung durch einen neutralen Wirtschaftsprüfer, dass aber in unseren Betrieben die Werkverträge teilweise nicht gelebt wurden. Dieses Kriterium sei entscheidend dafür, ob es sich um Werkverträge oder illegale Arbeitnehmerüberlassung handele.

Der Vorwurf ist insbesondere, dass Arbeitnehmer der Werkvertragsunternehmer teilweise in die Westfleisch Arbeitsabläufe eingebunden worden seien und dass das eigene unternehmerische Risiko der Werkvertragsunternehmer zu stark eingeschränkt worden sei. Diese Abwicklung der Werkverträge hätte dann zur Rechtsfolge, dass es sich nicht mehr um Werkverträge, sondern um eine sogenannte illegale Arbeitnehmerüberlassung handele. Die bei dem Werkunternehmer beschäftigten Arbeitnehmer wären dann Mitarbeiter der WESTFLEISCH, für die entsprechende Sozialversicherungsbeiträge nachzuzahlen wären, ebenfalls Bußgeld wegen der Rechtsverstöße.

100

*Darüber hinausgehende Ermittlungserkenntnisse liegen dem
Unternehmen nicht vor.*

*Über die weitere Entwicklung werden wir Sie zeitnah infor-
mieren.*

*Intern arbeiten wir an einer Neuorganisation der Verfahrens-
abläufe, um in allen Unternehmensbereichen die ordnungsgemäße
Handhabung der Werkverträge in den Betrieben zu sichern und
Fehler in der Zukunft auszuschließen.*

gez. Dr. Cordes   gez. Dr. Giesen

Auslöser für die Ermittlungen gegen Giesen und seine Vorstandskollegen waren die Durchsuchungen bei einem West-
fleisch-Subunternehmer. Im August 2005 wurden der 38
Jahre alte Türke Erol D., seine Lebensgefährtin und drei
weitere deutsche Subunternehmer festgenommen. Steuerhinterziehung, Schwarzarbeit, gewerbsmäßiger Betrug wird
ihnen vorgeworfen. Im Falle D. ermittelt die Staatsanwaltschaft sogar wegen der Bildung einer kriminellen Organisa-
tion. Ein bislang einmaliger Vorgang in der Fleischbranche.
Ihm werfen die Ermittler vor, große Teile der Löhne für
seine deutschen Arbeiter schwarz bezahlt zu haben und über
Scheinrechnungen Vorsteuern hinterzogen zu haben. Nach
ersten vorsichtigen Schätzungen sollen D. und seine Helfer
mindestens fünf Millionen an Steuer- und Sozialabgaben
hinterzogen haben. Doch D. ist nicht der einzige Subunternehmer von Westfleisch, gegen den ermittelt wird.

Die Düsseldorfer Staatsanwaltschaft ermittelt gegen den
43-jährigen Axel Hintzen aus Dormagen. Er gilt als einer der
mächtigsten Subunternehmer in der Branche. Am 26. April
2006 erlässt das Düsseldorfer Amtsgericht einen Durchsuchungsbeschluss gegen Hintzen und sein kompliziertes
Firmengeflecht. Für die Ermittler ist der Beschuldigte Axel
Wilhelm Hintzen Kopf einer Gruppe von Personen, die seit
Jahren über ein Geflecht von mutmaßlich ca. 50 Firmen mit
mehr als 1000 Mitarbeitern Dienstleistungen auf Schlacht-

höfen erbringen. Im Rahmen von Werkverträgen übernehmen sie Schlachtung, Zerlegung und Verarbeitung von Rind- und Schweinefleisch. Die Liste der Objekte, die im Mai 2006 durchsucht werden, ist beeindruckend und lässt erahnen, wie bedeutend Hintzens Imperium für die Fleischbranche ist: Rund vierzig Adressen haben sich die Ermittler vorgenommen. Darunter, neben den zahlreichen Hintzen-Firmen, einige der größten Fleischfabrikanten und Schlachtereien in Deutschland: Sämtliche Standorte der Vion-Gruppe, die Moksel AG, auch die Westfleisch e.G. ist im Visier der Ermittler: Neben der Hauptverwaltung in Münster werden sämtliche Produktionsorte von Westfleisch durchsucht.

Die Staatsanwaltschaft verdächtigt Hintzen und acht weitere Personen aus seinem Umfeld, rumänische Arbeiter illegal in deutschen Schlachthöfen eingesetzt zu haben. Wie schon Wilfried I. arbeitete auch Axel Hintzen im Rahmen des Werkvertragsabkommens mit Rumänien. Dabei bediente sich Hintzen offenbar der in der Branche verbreiteten Sub-Sub-Unternehmerkonstruktion. Firmen von Hintzen bekamen Aufträge von Westfleisch für ein bestimmtes Gewerk, Hintzens Firmen wiederum vergeben diesen Auftrag an rumänische Firmen weiter, die mit ihren Arbeitern den Auftrag abwickeln sollen.

Formal traten die rumänischen Firmen als unabhängige Dienstleister auf. Doch die Düsseldorfer Staatsanwaltschaft hat den Verdacht, dass diese rumänischen Firmen, »entgegen den Voraussetzungen des Kontingentverfahrens in Rumänien keine autarken Fleischereibetriebe unterhielten, sondern überwiegend oder ausschließlich als reine Entsendebüros gegründet oder aufrecht erhalten wurden.« Axel Hintzen selbst, so der Verdacht, hatte in diesen Firmen allein das Sagen: Zwar trete Axel Hintzen als Verantwortlicher dieser Unternehmen formal nicht in Erscheinung, faktisch aber würden diese Unternehmen von ihm kontrolliert und beherrscht, da er maßgeblichen Einfluss auf die Auswahl der Arbeitnehmer und die Konditionen genommen habe, zu denen die rumänischen Arbeitnehmer beschäftigt wurden. Darüber hinaus soll er veranlasst haben, dass wesentliche Aufgaben der Geschäftsführung auf die von ihm beherrschten Verwaltungsfirmen, die PVB Beratungs- und Verwaltungsgesellschaft mbH, die MNG Consulting GmbH und die AMH Vermögensverwaltung GmbH, übertragen wurden.

Die angeblich selbstständigen rumänischen Unternehmen wären, glaubt man der Staatsanwaltschaft, demnach nichts anderes als Anwerberbüros, gegründet um Hintzens Firmen mit Billigarbeitern zu versorgen. Kontrolliert wurden diese Anwerberbüros, so die Ermittlungen, wiederum von Verwaltungsfirmen, die eigens für diesen Zweck gegründet worden sein sollen. Die AMH Vermögensverwaltung übernahm, so der Verdacht, im Auftrag der rumänischen Firmen einen Teil der buchhalterischen Aufgaben, insbesondere die Überwachung der Lohnzahlungen und der Steuerzahlungen. Geschäftsführerin der AMH Vermögensverwaltung ist nach Erkenntnissen der Staatsanwaltschaft pikanterweise Hintzens Ehefrau. Auch gegen sie wird ermittelt. Aufgrund ihrer Stellung in der Hintzen-Gruppe sei davon auszugehen, dass Hintzens Frau in die geschäftlichen Aktivitäten ihres Mannes vollumfänglich eingebunden und umfassend informiert gewesen sei.

Den Verdacht, dass es sich bei Hintzens rumänischen Dienstleistern um reine Anwerberbüros handelt, gibt es schon lange. 2003 berichtete das investigative rumänische Fernsehmagazin »Cutia neagra« (übersetzt etwa »Blackbox«) über die Firma S. C. Donalds S. R. L, einen der rumänischen Dienstleister Hintzens. Die Recherchen ergaben, dass es sich dabei lediglich um eine Briefkastenfirma handelte. Inzwischen ermittelt die Staatsanwaltschaft Düsseldorf gegen den Donalds-Geschäftsführer Gabriel Sirbu. Besonders pikant: Sirbus Bruder war jahrelang Arbeitsminister in Rumänien. In dieser Funktion war er Herr über das so genannte Kontingentverfahren. Das heißt, er entschied, welche Firma wie viele Leute im Rahmen von Werkverträgen nach Deutschland schicken durfte. Entscheidungen, von denen auch die Firma seines Bruders profitierte. In einem Fernsehinterview mit dem rumänischen Fernsehen bestritt der damals noch amtierende Minister Marian Sirbu, dass es da irgendeinen Interessenkonflikt geben könnte. Donalds gehört nach Erkenntnissen der Ermittler ebenfalls zu den Firmen, die von Hintzen bzw. seiner Frau kontrolliert wurden. Donalds' Rumänen standen bei Westfleisch in Lübbecke am Band.

Doch die dubiosen Anwerberbüros sind nicht das einzige, was die Staatsanwaltschaft Axel Hintzen zur Last legt: Laut deutsch-rumänischen Werkvertragsabkommen hätten die rumänischen Arbeiter zu deutschen Tariflöhnen beschäftigt sein müssen. Davon konnte bei Hintzen nach Ermittlung der Staatsanwaltschaft keine Rede sein. Die Ermittler sind überzeugt, dass Axel Hintzen gezielt rumänische Subunternehmer einsetzte, um sich insbesondere durch die Zahlung untertariflicher Löhne an die rumänischen Arbeitnehmer wirtschaftliche Vorteile zu verschaffen. Gegen Hintzen wird deshalb auch wegen des Verdachts des Lohnwuchers ermittelt.

Darüber hinaus wird Hintzen verdächtigt, deutsche Arbeitnehmer »schwarz« beschäftigt zu haben. Laut Zeugenaussagen sollen die Deutschen insbesondere dann eingesetzt worden sein, wenn Hintzen kurzfristig mehr Leute brauchte oder es Engpässe zwischen dem Einsatz verschiedener Kolonnen gab. Seit 2003 ist bei der Steuerfahndung die Aussage eines ehemaligen Vorarbeiters bei Axel Hintzen aktenkundig, der bei Westfleisch in Coesfeld, Lübbecke und Hamm-Uentrop eingesetzt war. Er war den Behörden aufgefallen, weil er Arbeitslosenhilfe bezogen hatte und daneben erhebliche Summen auf seinem Konto bewegte. Im Oktober 2002 fing er über einen Subunternehmer des Subunternehmers Axel Hintzen bei Westfleisch an. Er hatte eine Gruppe von sechzig Schlachtern eigenverantwortlich einzuteilen, »die arbeiteten alle schwarz, soweit ich weiß«, gibt der Mann später zu Protokoll. »Wie der Hintzen das später buchhalterisch darstellt, dass das stimmig erschien gegenüber Dritten, etwa dem Finanzamt, weiß ich nicht. In dem Gespräch mit Hintzen war völlig klar, dass das alles ›schwarz‹ läuft.« Seinen Gesamtumsatz, den er in den acht Monaten bei Westfleisch machte, schätzt der Mann auf 750000 Euro. Mehrfach hat der Autor sowohl schriftlich als auch telefonisch versucht, Axel Hintzen zu den Vorwürfen zu hören. Eine Antwort steht bislang aus.

29. 6. 2006, Münster. Wussten die Westfleisch-Manager tatsächlich nicht, was sich in ihren Werken abspielt? Die Antwort »Ich weiß nicht einmal, ob wir überhaupt slowakische Arbeiter am Band haben«, reicht offenbar nicht immer aus. Die Bielefelder Staatsanwaltschaft gibt bekannt, dass sie sich mit dem Westfleisch-Vorstand geeinigt hat. Das Ergebnis: Westfleisch muss zahlen. Insgesamt 2,4 Millionen Euro Sozialversicherungsbeiträge und 100000 Euro an die Berufsgenossenschaft. Für die Staatsanwaltschaft ist damit bewiesen, dass bei Westfleisch rund 170 Rumänen zu rechtswidrigen Konditionen beschäftigt waren. Das Verfahren gegen die zwölf Westfleisch-Manager wird gegen Geldauflagen eingestellt. Zwischen 2000 und 50000 Euro müssen Helfried Giesen und seine Vorstandskollegen bezahlen. Nach Überzeugung der Staatsanwaltschaft können die Manager nicht alle Verantwortung auf die Subunternehmer abschieben.

Fleisch und Wahlkampf: Die Politik entdeckt ihr Herz für die Schlachter

7. 2. 2005, Löningen. So etwas hat Gerd Andres in seiner Amtszeit noch nicht erlebt. Dass der parlamentarische Staatssekretär im Bundeswirtschaftsministerium einfach ausgeladen wird, ist ein Affront: »Wer offizielle Gäste wieder auslädt, der muss ja etwas zu verbergen haben«, schimpft der brüskierte Staatssekretär auf einer Veranstaltung der SPD-Fraktion. Das Thema: »Transparenz bei der Produktion von Fleisch – aber wie sieht es mit der Transparenz für die Arbeitskräfte in der Fleischindustrie aus?«. Die Veranstaltung musste kurzfristig verlegt werden. Ursprünglich hätte sie auf dem Firmengelände der NFZ, der Norddeutschen Fleischzentrale, stattfinden sollen. Drei SPD-Bundestagsabgeordnete, der Staatssekretär und Gewerkschafter wollten sich selbst ein Bild von den Arbeitsbedingungen auf deutschen Schlachthöfen machen. Der Fleischbetrieb hatte erst zugesagt, dann aber kurzfristig aus »Termingründen« seine Zusage wieder zurückgezogen und die Berliner Politiker einfach wieder ausgeladen.

Die Veranstaltung findet an einem anderen Ort trotzdem statt, mehr als 300 Besucher kommen. Matthias Brümmer von der Gewerkschaft NGG berichtet, dass seiner Schätzung nach auch bei der NFZ inzwischen rund 300 osteuropäische Arbeiter beschäftigt sind. NFZ hatte allen Grund, keine allzu große Aufmerksamkeit auf sich zu ziehen. Mit der Brüskierung des Staatssekretärs hat das Unternehmen allerdings das Gegenteil erreicht: Interessierten sich für die Arbeitsbedingungen in der Fleischwirtschaft in Berlin bestenfalls eine Hand voll Abgeordnete aus dem »Fleischtopf Deutschlands«, ist das Problem jetzt auf der Tagesordnung des Wirtschaftsministeriums. Die illegalen Praktiken im Fleischgewerbe, verspricht Staatssekretär Andres auf der Veranstaltung, »wollen wir so nicht hinnehmen.«

Die Entwicklungen nach der Osterweiterung der EU, die Verdrängung deutscher Arbeiter aus den Schlachthöfen, setzt die Bundesregierung zunehmend unter Druck. Ausgelöst durch Berichte im »Spiegel« und REPORT MAINZ, die über die verheerenden sozialen Folgen für die Schlachter-branche berichten, werden deutsche Schlachthöfe zum medialen Dauerthema. Der Oldenburger Gewerkschafter Matthias Brümmer, der seit Jahren gegen die »Sklaverei« in der Branche kämpft, kann sich vor Interviewanfragen auf einmal kaum noch retten. Selbst Boulevardmagazine wie »RTL-Extra« interessieren sich auf einmal für die kriminellen Machenschaften der Subunternehmer in der Fleischbranche. Besonders fatal aus Sicht der Bundesregierung: Immer wieder werden die Missstände fälschlicherweise mit der geplanten EU-Dienstleistungsrichtlinie in Verbindung gebracht. Ein Projekt, das Andres' Dienstherr Wolfgang Clement besonders am Herzen liegt. Obwohl diese Richtlinie, die eine weitere Liberalisierung der europäischen Dienstleistungsmärkte, zum Beispiel für Architekten, vorsieht, überhaupt noch nicht in Kraft ist, wird sie in der Berichterstattung immer wieder für das Lohndumping im Fleischgewerbe verantwortlich gemacht. Angesichts der aufgeladenen Berichterstattung schwinden die Chancen, die Wähler in Deutschland davon zu überzeugen, dass eine weitere Liberalisierung in ihrem Interesse liegt.

Dazu kommt: In NRW steht im Mai eine Schicksalswahl an: Die Prognosen für die SPD bei den Landtagswahlen im wichtigsten deutschen Bundesland sehen düster aus. Ministerpräsident Peer Steinbrück präsentierte sich bislang gern als Freund der Industrie, auch der Fleischindustrie. Noch 2003 suchte er den offenen Konflikt mit den Grünen, stellte öffentlich die Koalition in Frage. Publikumswirksam nutzte Steinbrück für seine Pressekonferenz ausgerechnet die Kulisse des Stammwerks des Tönnies-Konzerns in Rheda-Wiedenbrück. Seite an Seite mit Konzernchef Clemens Tönnies und gefolgt von dutzenden Kamerateams durchschritt er die Produktionsanlagen, um hinterher offen die vermeintliche Industriefeindlichkeit seiner Umweltministerin Bärbel Höhn zu kritisieren: Ihr Erlass zur Haltung von Schweinen habe dazu geführt, dass Tönnies fünf Euro mehr pro Tier bezahlen müsse.

Zwei Jahre später dürfte Steinbrück dieser Auftritt eher unangenehm gewesen sein. Die SPD hat die Schlachthöfe inzwischen als Wahlkampfthema entdeckt und SPD-Chef Franz Müntefering lässt keine Gelegenheit aus, auf Schlachthofbetreiber zu schimpfen, die Lohndumping betrieben. In der »Bild«-Zeitung gibt er die neue Marschrichtung der Partei vor: »Es kann nicht sein, dass Billigarbeiter aus Osteuropa als Scheinselbstständige für Hungerlöhne auf deutschen Schlachthöfen arbeiten.« »Der heilige Franz der Schlachthöfe« titelt daraufhin die »taz«. Finanzminister Hans Eichel kündigt im März 2005 eine »Offensive gegen Schwarzarbeit« an. Im Visier des Finanzministers: die Fleischbranche. Die Zahl der Mitarbeiter der Finanzkontrolle Schwarzarbeit soll von 5500 auf 7000 aufgestockt werden.

Gerhard Schröder, der noch vor einem Jahr versucht hatte, den Deutschen die Angst vor der Osterweiterung der EU zu nehmen, äußert sich in seiner Regierungserklärung am 17. 3. 2005 nun wieder skeptisch zu den Auswirkungen:

»Ich will in diesem Zusammenhang – auch das betrifft den Arbeitsmarkt – auf etwas hinweisen, was uns allen Sorgen macht, nämlich die in letzter Zeit evident gewordene Umgehung der Vereinbarungen, die wir anlässlich der Erweiterung der Europäischen Union getroffen haben, was die Schutzfristen für die Arbeitnehmerfreizügigkeit und die Umgehung der Entsenderichtlinie angeht. Im Fleischerhandwerk und zunehmend auch im Baunebengewerbe – bei den

Fliesenlegern, aber auch in anderen Bereichen – haben wir den Tatbestand, dass Sicherungsvorschriften für die deutschen Arbeitnehmerinnen und Arbeitnehmer durch Flucht in Scheinselbstständigkeit und Ähnliches umgangen werden und damit unserer Volkswirtschaft schwerster Schaden zugefügt wird, übrigens auch den betroffenen ausländischen Arbeitnehmern, die nicht menschenwürdig beschäftigt werden. Wir müssen dazu kommen – auch hier braucht es die Zusammenarbeit von Bund und Ländern –, dass wir mit dem Aufbau von Taskforces, wie das so schön heißt, unnachsichtig alle legalen Möglichkeiten nutzen, um diesem Treiben Einhalt zu gebieten. Wir brauchen nicht nur Recht und Ordnung im Inneren, wir brauchen auch Recht und Ordnung auf dem Arbeitsmarkt; auch dort müssen wir sie herstellen.« Von der Dienstleistungsrichtlinie will der Kanzler in der bisher geplanten Form nun auf einmal nichts mehr wissen: »Lassen Sie mich in diesem Zusammenhang etwas sagen zu einer Diskussion über ein europäisches Vorhaben, das nicht nur in Deutschland die Menschen bewegt, sondern auch in unseren Nachbarländern: Ich meine die Dienstleistungsrichtlinie. Klar ist zunächst: Die Fehlentwicklungen, die ich eben skizziert habe, haben mit der Dienstleistungsrichtlinie nichts zu tun: weil sie noch nicht gilt. Und ganz klar ist auch: So wie Herr Bolkestein, der ehemalige EU-Kommissar, sie sich vorgestellt hat, wird sie nicht in Kraft treten. Ich bin mir darüber mit dem französischen Präsidenten völlig einig – mit anderen im Übrigen auch –: Wir können nicht zulassen, dass es über die Dienstleistungsfreiheit, für die man im Prinzip durchaus sein sollte, zu Sozialdumping in Deutschland kommt, dass Sicherheitsstandards, die wir aus guten Gründen für unsere Arbeitnehmerinnen und Arbeitnehmer aufgebaut haben, missachtet werden. (…) Das kann nicht Sinn der Dienstleistungsfreiheit in Europa sein und das wird es mit uns auch nicht geben. Ich bin frohen Mutes, dass man das sowohl im Europäischen Parlament als auch in der Europäischen Kommission noch einsehen wird.« Auch Wahlkämpfer Peer

Steinbrück kommt nun nicht mehr umhin, sich an die Spitze des Kampfes gegen illegale Beschäftigung zu stellen: »Dieser Plan aus Brüssel führt zu Lohndumping und bringt die deutschen Qualitätsstandards ins Wanken«, sagt Steinbrück in der »Bild am Sonntag«. Es dürfe nicht sein, dass diejenigen mit den niedrigsten Arbeitnehmerrechten, Sozial- und Qualitätsniveaus in Europa den Ton angäben. Das rot-grün regierte Nordrhein-Westfalen lehne die Dienstleistungsrichtlinie deshalb in dieser Form im Bundesrat ab, kündigt der Düsseldorfer Regierungschef an. Zeitgleich werden die Staatlichen Ämter für Arbeitsschutz in NRW angewiesen, jeden Schlachtbetrieb mit mehr als 50 Mitarbeitern zu kontrollieren, um Schwarzarbeit und illegaler Beschäftigung auf die Schliche zu kommen.

Das wichtigste Projekt der rot-grünen Bundesregierung im Kampf gegen Lohndumping soll allerdings die Ausweitung des Arbeitnehmerentsendegesetzes werden. Ähnlich wie in der Baubranche soll es damit den Tarifpartnern ermöglicht werden, Mindestlöhne zu vereinbaren, die dann für alle Beschäftigten gelten, auch für osteuropäische Werkvertragsarbeiter. Doch die Idee hat einen Haken. In der Fleischbranche gibt es keinen Flächentarifvertrag. In vielen Firmen gibt es noch nicht einmal einen Betriebsrat. Um sich auf einen Mindestlohn mit den Gewerkschaften zu einigen, müssten die Fleischkonzerne zunächst bereit sein, überhaupt einen bundesweit geltenden Tariflohn einzuführen. Die Gewerkschaften sind deshalb erst einmal skeptisch. Sie hätten sich wirkungsvollere Maßnahmen gewünscht. Im SWR-Film »Betrifft: Die Fleischmafia« fordern Gewerkschafter wie Matthias Brümmer stattdessen eine Stärkung der Stammbelegschaften: »Von hundert Leuten dürfen nur fünf Leute Fremdpersonal sein. Und der Rest muss eigen sein. Und das halten wir auch für eine richtige Größe. Dann würde das gesamte, sag ich mal, kriminelle Bündel, das dort mittlerweile auftaucht, auch sicherlich schnell wieder in die Schranken gewiesen.« Markus Dieterich ergänzt: «Am besten wäre es natürlich, wenn man die Werkvertragsfähigkeit der Schlachthöfe gänzlich abschaffen würde.« Staatsanwalt Bernard Südbeck, der tagtäglich erlebt, wie gesetzliche Regelungen in der Fleischbranche systematisch umgangen werden, sieht das ähnlich: »Aus meiner Sicht müssten die Stammbelegschaften gefördert werden. Es gibt Forderungen aus der Politik, dass nur zehn Prozent der Belegschaft aus Subunternehmern bestehen dürfe. Man könnte auch darüber nachdenken, die Fleischwirtschaft generell von Werkverträgen auszuschließen.« Solche Schritte werden jedoch in der Bundesregierung überhaupt nicht diskutiert. Auch gesetzliche Mindestlöhne, die Mindeststandards auch ohne einen Tarifabschluss garantieren würden, stehen nicht zur Debatte. Sie sind weder mit Bundeskanzler Schröder noch Wirtschaftsminister Wolfgang Clement machbar. Beide haben sich in dieser Frage festgelegt. Was bleibt, ist die Ausweitung des Entsendegesetztes und schon die stößt auf den Widerstand der Fleischindustrie. Bei einem Treffen im Wirtschaftsministerium am 17. Mai 2005 betonen Vertreter der Fleischwirtschaft noch einmal, dass sie sich zu Unrecht an den Pranger gestellt sehen. Statt gesetzlicher Regelungen bringen sie die Einführung eines »Ehrenkodex« in die Diskussion ein, eine freiwillige Selbstverpflichtung, in der soziale Standards für osteuropäische Arbeiter festgelegt werden sollten. Doch der eher halbherzige Vorschlag überzeugt niemanden. Im Sommer 2005 soll die Ausweitung des Entsendegesetzes vom Bundestag verabschiedet werden. Doch die Landtagswahl am 22. Mai 2005 in Nordrhein-Westfalen wird zum Debakel für die SPD. Steinbrück wird abgewählt. Noch am Abend tritt Bundeskanzler Schröder vor die Kameras und kündigt an, er strebe Neuwahlen auch im Bund an. Die Ausweitung des Entsendegesetzes bleibt dennoch zunächst auf der Tagesordnung, schließlich ist die Regierung Schröder noch im Amt. Am 30. Juni 2005 soll der Bundestag darüber entscheiden. Rot-Grün hätte dabei mit der Kanzlermehrheit zustimmen müssen. Das aber kollidiert mit den Plänen des Kanzlers.

Schröder hatte inzwischen beschlossen, den Weg für Neuwahlen dadurch freizumachen, indem er die Vertrauensfrage
stellt – verfassungsrechtlich ein umstrittener Weg. Schröder
muss plausibel machen, dass er nicht mehr das »stetige Vertrauen« der Regierungskoalition hat. Dem jedoch steht die
geplante Ausweitung des Entsendegesetzes entgegen. Sie
würde vermutlich ohne Schwierigkeiten die Zustimmung der
Kanzlermehrheit finden. Vor diesem Hintergrund beschließt
die SPD-Bundestagsfraktion die geplante Verabschiedung
des Entsendegesetzes von der Tagesordnung des Bundestags
zu nehmen.

Die Fleischindustrie kann aufatmen. Der bislang einzige
Versuch, dem Lohndumping einen gesetzlichen Riegel vor-
zuschieben, ist damit vorerst gescheitert. Eine monatelang
aufgeheizte politische Debatte, in der immer wieder ent-
schlossenes Handeln gegen die »Lohnsklaverei« in deutschen
Schlachthöfen angekündigt wurde, bleibt für die Fleisch-
barone und ihre Subunternehmer folgenlos.

Menschenhandel und merkwürdige Verträge – das System Weidemark

13. 4. 2005, Rheda-Wiedenbrück. Auf dem Parkplatz des Tönnies-Stammwerkes in Rheda-Wiedenbrück herrscht eine Atmosphäre wie auf einem Polenmarkt. Deutsch wird hier kaum gesprochen. Es ist Schichtwechsel. Abgearbeitete polnische Frauen, die als Verpackerinnen arbeiten, warten rauchend auf den Bus, der sie zurück in die bescheidenen Wohnheime bringt. Aus weißen Kleinbussen quillt die Spätschicht: Polen, Ungarn, Balten, Slowaken. Tönnies rühmt sich, ein »Multi-Kulti«-Betrieb zu sein: Aus 29 verschiedenen Nationen kommen die Arbeiter, die für deutsches Billigfleisch an den Bändern schuften.

Mehr als die Hälfte der Arbeiter bei Tönnies sind über Subunternehmer beschäftigt, die meisten sind Osteuropäer. Zu erkennen sind sie daran, dass sie ihr Arbeitswerkzeug selbst mitbringen müssen. In Eimern transportieren sie ihre Messer und Schutzhandschuhe. Zu Hunderten drängen sie sich zum Beginn der Frühschicht durch die Schleusen, die ins Innere des Werkes führen.

Die politische Diskussion um illegale Machenschaften in deutschen Schlachthöfen ist auf dem Höhepunkt, Topthema auf der politischen Agenda und in den Medien. Und wie schon zuvor, wenn es unangenehm wurde, hat Clemens Tönnies keine Zeit für ein Interview. Wieder einmal ist es sein Geschäftsführer Josef Tillmann, der Journalisten Rede und Antwort stehen muss. Der freundliche Westfale, die rechte Hand von Clemens Tönnies, hat sich anderthalb Stunden

Zeit genommen, um das Fernsehteam des SWR durch die nicht enden wollenden Produktionsstraßen des Fleischriesen zu führen. Es ist einer der modernsten Schlacht- und Zerlegebetriebe in Europa. Wo immer es möglich ist, übernehmen Maschinen die Arbeit. In Sekundenbruchteilen werden computergesteuert Fleischstücke zu exakt gleich großen Scheiben geschnitten. Riesige Kettensägen zerteilen Schweine in Hälften, vollautomatisch werden die Füße abgetrennt. Doch trotz aller Maschinen: Schweinezerlegen bleibt ein Knochenjob. Das Fließband bestimmt die Arbeitsgeschwindigkeit. Jeder Handgriff muss sitzen und jeder Arbeiter ist an seinem Platz nur für einen bestimmten Schnitt zuständig. Schulter an Schulter wuchten die Männer in weißen Hygieneanzügen, die gerade mal den Blick auf die Augen freigeben, die schweren Fleischstücke auf dem Band in die richtige Position, um sie in die richtige Form zu schneiden. Immer wieder wetzen sie ihre Messer nach. Mit den Arbeitern zu reden, ist nicht erwünscht, man solle sich an ihn halten, meint Josef Tillmann. Es wäre ohnehin unmöglich, sich zu unterhalten: Inmitten von ratternden Bändern und kreischenden Kreissägen kann man kaum sein eigenes Wort verstehen. Welche Firma gerade an welchem Band arbeitet, ist schwer auseinander zu halten. Selbst die Verpackungsmaschinen sind an Subunternehmer vermietet. Frauen aus der Türkei oder Osteuropa verteilen hier die vorbeirasenden Schnitzel auf Plastikschalen.

Im Gegensatz zu manch anderen Fleischproduzenten habe Tönnies nichts zu verbergen, erzählt Josef Tillmann. Auf die Osteuropäer sei man angewiesen, weil das Unternehmen in den vergangenen Jahren enorm gewachsen sei und entsprechend qualifizierte deutsche Schlachter und Zerleger nicht zu finden wären. Im Gegensatz zu manchem Konkurrenten sei bei Tönnies aber alles im Einklang mit Recht und Gesetz, meint Josef Tillmann, schwarze Schafe unter seinen Subunternehmern schließe er aus: »Wir kontrollieren die so, dass wir einmal alle Handelsregistereintragungen haben. Und wir kennen in der Regel auch immer die Entsendungsfirmen in den Entsenderländern. Zum Beispiel: Wir haben vor Jahren schon uns in ganz Polen die Firmen alle angesehen. Oder auch in Ungarn. Also da haben wir ein sehr umfangreiches Wissen drüber, dass wir also auch nicht dem aufsitzen, dass das zum Beispiel Briefkastenfirmen sind. Oder was da immer wieder gesagt wird.«

Ist der Tönnies-Konzern demnach eine rühmliche Ausnahme in einer Branche, in der illegale Beschäftigung in weiten Teilen wie ein Kavaliersdelikt betrachtet wird?

Ermittler haben daran schon lange Zweifel. 2002 stellten Beamte einer Sonderermittlungsgruppe der Bielefelder Steuerfahndung ihr bis dahin gesammeltes Wissen über die Subunternehmer-Szene in einem Bericht zusammen. Ermittlungen gab es unter anderem gegen eine ungarische Firma, deren Männer bei Tönnies eingesetzt waren. Die Ermittler halten fest:: »Bezüglich der Fa. X besteht die begründete Vermutung, dass sie sämtliche Umsätze in der Bundesrepublik erzielt und in Ungarn ausschließlich ein Rekrutierungsbüro unterhält.« Es ist nicht der einzige Tönnies-Subunternehmer, der den Ermittlern auffällt: Auch bei zwei rumänischen Firmen besteht demnach die »begründete Vermutung, dass es sich um eine inaktive Briefkastengesellschaft handeln könnte.« Konsequenzen haben die Ermittlungen für Tönnies jedoch nicht. Die Finanzermittler dürfen nur in Sachen Steuerhinterziehung ermitteln und bleiben den Beweis schuldig. Fazit des Berichts: »Steuerverkürzung wäre nur durch den gerichtsverwertbaren Nachweis von Lohndumping möglich. Dieser Beweis wird aller Voraussicht nach jedoch nur im Rahmen einer generalstabsmäßig geplanten Großaktion zu erbringen sein.« Mit anderen Worten, man müsste zeitgleich sämtliche verdächtigen Schlachthöfe mit Razzien überraschen, um an möglichst viele Aussagen von Arbeitern zu kommen. Das jedoch überfordere das Finanzamt: »Die Steuerfahndungsstellen könnten eine derartige Aktion in Ermangelung ausreichender Personalkapazitäten nicht leisten«, heißt es in dem Bericht. Trotz Verdachtsmomenten bleibt der Fleischfabrikant, der Wert darauf legt, dass er mit keinerlei Briefkastenfirma zusammenarbeite, unbehelligt.

Anders ergeht es der Firma Weidemark in Sögel: Der Wurstfabrikant ist der größte Arbeitgeber in der rund 7000 Einwohner zählenden Gemeinde. Und Weidemark ist eine 100-prozentige Tochter des Tönnies-Konzerns. In diesem Unternehmen hat eine der schillerndsten Figuren in der Subunternehmerszene einen Werkvertrag: Uwe Gerbig. Seine Firma GP Fleischservice beschäftigt deutsche, türkische und polnische Schlachter und Zerleger. Der Firmensitz von GP Fleischservice ist ein unauffälliges Einfamilienhaus in Werlte. Die Rollläden sind tagsüber heruntergelassen. Ein Firmenschild sucht man vergebens. Uwe Gerbigs Privatbesitz sticht da schon mehr ins Auge. In Spanharrenstätte betreibt er ein riesiges Pferdegehöft. In der Westernreitszene ist Gerbig eine Größe. Auf seinem Gelände werden Pferde für das so genannte Reining gezüchtet und trainiert, eine anspruchsvolle Variante des Westernreitens. Seit 2004 reitet Gerbig seine Pferde selbst bei Wettbewerben. Auf seinem Erfolgspferd »Arc Playing Like Lena« ist Uwe Gerbig meist in den vorderen Rängen platziert. Im Internet wirbt Gerbig mit den Möglichkeiten, die sein Anwesen bietet: »Inmitten saftiger Wiesen und Weiden liegt die Anlage von Gerbig Quarter Horses in Spanharrenstätte im Emsland, ca. 30 km von Cloppenburg entfernt. Die Gebäude, seit Februar 2003 komplett renoviert und pferdegerecht umgebaut, zeigen den Charakter einer ländlichen Pferdegegend. Den insgesamt 34 Boxen stehen ausreichend Grünflächen und Paddocks für den täglichen Freilauf gegenüber. Die Trainingsbedingungen sind optimal: Zur Verfügung steht eine helle Reithalle (45 × 21 m), ein großflächiger Reitplatz 200 × 90 m, sowie eine Führanlage – dazu lange gerade Reitwege, die zum Ausritt einladen. Selbstverständlich sind ausreichend Anbindeplätze, Sattelkammer, Waschboxen und Solarium vorhanden.«

Beachtlich ist dieses Pferdeimperium insbesondere für jemanden mit Gerbigs Vorgeschichte: 1995 wurde er zu drei Jahren Gefängnis verurteilt wegen gemeinschaftlich begangenem Diebstahl mit Waffen und illegalem Waffenbesitz. Zu diesem Zeitpunkt war er bereits einschlägig vorbestraft wegen illegalem Waffenbesitz und Körperverletzung. Wegen Drogenhandel in »nicht unerheblichem Ausmaß« wurde er noch einmal zu zwei Jahren und drei Monaten verurteilt. 1999 kam eine weitere Geldstrafe wegen Hehlerei dazu. Mit anderen Worten: Uwe Gerbig hatte eine regelrechte Verbrecherkarriere hinter sich, als er ins Fleischgeschäft einstieg. Kein Wunder, dass der sonst so offen plaudernde Tönnies-Geschäftsführer Josef Tillmann wortkarg wird, wenn er auf Uwe Gerbig angesprochen wird. Im Interview mit dem SWR bestreitet Tillmann schlicht, Gerbig zu kennen.

FRAGE: »Können Sie denn Uwe Gerbig von der GP Fleischservice als seriösen Geschäftspartner bezeichnen?«

JOSEF TILLMANN: »Ich kenne den persönlich nicht. Kann ich mir kein Urteil drüber erlauben.«

FRAGE: »Ja aber er ist einer der Subunternehmer von …«

JOSEF TILLMANN: »Ja aber nicht von uns jetzt im Moment.«

FRAGE: »Doch, von Weidemark.«

JOSEF TILLMANN: »Ja von Weidemark. Gut, kann ich im Moment nichts drüber sagen. Aber nicht von B&C Tönnies in Rheda-Wiedenbrück.«

FRAGE: »Aber vom Konzern?«

Josef Tillmann: »Gut, aber mir sagt der Name jetzt nichts. Und mir sagt auch die Person nichts, weil ich den persönlich nicht kenne. Deswegen kann ich mir über den Mann kein Urteil erlauben.«

»Wer der Meinung ist, er kann nicht für mich arbeiten, der kann ja gehen!«

Der Gewerkschaft NGG ist Uwe Gerbig dagegen schon lange ein Begriff. In dem kleinen Büro im Oldenburger Bahnhofsviertel gibt es längst eine dicke Akte über Uwe Gerbig. Mit wechselndem Erfolg versucht die Gewerkschaft, ausstehende Löhne einzuklagen. Derzeit geht es in zweiter Instanz um 100 000 Euro. Immer wieder beklagen sich Arbeiter bei der Gewerkschaft über das Geschäftsgebaren des Subunternehmers. Matthias Brümmer von NGG findet dies »höchst abenteuerlich«. Der Gewerkschafter erhebt schwere Vorwürfe gegen den Pferdeliebhaber und Subunternehmer: »Also wir wissen über die Machenschaften von Uwe Gerbig, dass er kontinuierlich seine Leute bei der Firma Schmitz in Lohne übervorteilt«, erzählt er, »Lohnunterschiede innerhalb eines Monats in der Stunde von zehn Euro sind keine Seltenheit.«

Türkische Arbeiter, die für Gerbig bei Schmitz in Lohne gearbeitet haben, fühlen sich von Uwe Gerbig ausgebeutet: »Ich will nicht mehr Geld, nur mein Geld. Ich habe schwer gearbeitet. Ich bin jetzt 36 Jahre alt, aber mein Körper ist ganz kaputt. Ich habe jeden Tag 50 Tonnen Schinken aufgehängt. 40, 50 Tonnen Schulter und Schinken. Ich will nur mein Geld«, empört sich einer von ihnen im SWR-Film »Die Fleischmafia«. Sein Kollege pflichtet ihm bei: »Uwe hat dauernd neue Autos gekauft. Gekauft von unserem Geld.« Uwe Gerbig selbst bestreitet das. Im April 2005 sucht ihn ein Kamerateam des SWR auf, um ihn mit den Vorwürfen seiner türkischen Arbeiter zu konfrontieren. Rein optisch passt Gerbig eher ins Türstehermilieu als in die Lebensmittelbranche. Erster Eindruck: Ein bulliger, durchtrainierter Typ, den man besser nicht zum Feind hat. Gerbig gibt sich betont lässig. Selbst während des Interviews, das er spontan am Zaun seines Anwesens gibt, hat er seine Hände tief in den Taschen seiner weiten Designerjeans vergraben. Seine Körpersprache signalisiert: Mir kann keiner was. Gerbig präsentiert sich jovial als Boss: »Ich bin mit den Schlachthöfen, für die ich arbeite, sehr gut mit zufrieden. Und ich will es auch weiterhin machen. Bloß wenn da ein oder zwei oder drei Leute meinen, die verdienen halt zu wenig Geld. Wenig ist relativ, wenn Hilfsarbeiter 2000 Euro verdienen, müssen Sie mir mal sagen, welcher Studierter verdient denn 2000 Euro für sechs oder sieben Stunden am Tag?« Dass sich die Löhne seiner Arbeiter in den vergangenen zwei Jahren halbiert hätten, sei nicht wahr: »Na, weil es nicht stimmt. Weil die immer noch regelmäßig ihr Geld bekommen haben, pünktlich ihr Geld bekommen haben. Und das ist bei allen Subunternehmern nicht dasselbe. Das immer pünktlich und korrekt gezahlt wird. Und ich glaube, dass wir ein Unternehmen haben, wo wir immer pünktlich und korrekt zahlen. Und wer der Meinung ist, er kann für mich nicht arbeiten, der kann ja gehen und sich woanders bewerben. Und kann dann auch gerne woanders anfangen. Da hab ich ja gar kein Problem damit.«

Zum Zeitpunkt des Interviews weiß Uwe Gerbig noch nicht, dass die Oldenburger Staatsanwaltschaft den Termin für seine Verhaftung bereits festgelegt hat. Staatsanwalt Bernard Südbeck hat Hinweise, dass es bei Gerbigs Werkvertrag mit der Tönnies-Tochter Weidemark nicht mit rechten Dingen zugeht.

Am 21. 4. 2005 schlagen die Ermittler zu. Die Großaktion von Steuerfahndung und Zoll ist generalstabsmäßig vorbereitet. Zeitgleich durchsuchen 200 Beamte 44 Wohnungen und

Diensträume. Im Visier der Fahnder auch: Der Weidemark-Schlachthof und Uwe Gerbigs privates Anwesen. Vorsorglich haben die Beamten Tieflader dabei. Der Grund: Gerbigs Fuhrpark soll direkt beschlagnahmt werden. Sein Audi A6 und sein VW-Touareg-Geländewagen werden gleich mitgenommen – Gewinnabschöpfung für die Staatskasse. Die Staatsanwaltschaft geht zu diesem Zeitpunkt davon aus, dass Gerbig die Sozialkassen um rund 5 Millionen Euro geprellt hat. Kistenweise beschlagnahmen die Beamten Unterlagen. In Handschellen wird Gerbig noch am selben Tag dem Haftrichter vorgeführt. Auf seinem Weg zum Richter gibt er sich immer noch arglos. Auf die Frage des SWR-Kamerateams, ob er sich doch etwas zuschulden habe kommen lassen, ruft er gut gelaunt: »Bestimmt nicht! Das wird sich gleich herausstellen!«

Herausstellen wird sich in der Tat etwas Überraschendes: Uwe Gerbig war bei Weidemark nicht viel mehr als eine Art Marionette des Weidemark-Geschäftsführers Richard W. Was die Geschäfte mit Weidemark anging, hatte Gerbig und seine Firma so gut wie gar nichts zu sagen. Die Auswertung der beschlagnahmten Unterlagen und der Aussagen bieten einen überraschenden Einblick in die raue Innenwelt des Tönnies-Tochterunternehmens. Unter deren Subunternehmern gehörten Gewalt und Bedrohungen vor Jahren zum Alltag. Das musste Uwe Gerbig, der seit 2001 bei Weidemark über diverse Subunternehmer beschäftigt ist, am eigenen Leib erfahren. Ein Subunternehmer-Kollege von Gerbig, den die Polizei zum Umfeld des berüchtigten Motorradclubs »Hells Angels« rechnet, setzte demnach Uwe Gerbig damals unter Druck. Er wollte fünf Prozent seines Umsatzes, ansonsten würde er ihn »umlegen«. Uwe Gerbig besorgte sich daraufhin von einem Kollegen eine scharfe Pistole und Munition, um sich notfalls zur Wehr setzen zu können. Die Waffe finden die Ermittler bei der Durchsuchung.

Die Machenschaften des Geschäftsführers

Wer als Subunternehmer bei Weidemark ins Geschäft kam, das entschied der Geschäftsführer Richard W. Er bestimmte die Spielregeln: »Herr W. fragt nicht, sondern er bestimmt. Wenn Herr W. eine Anweisung gab, wurde diese befolgt. Anderenfalls hatte man mit Konsequenzen zu rechnen. Man musste mit einer Beendigung der Geschäftsbeziehung sofort rechnen«, heißt es in einer Zeugenaussage. Demnach war es auch Richard W., der Gerbig vorschlug, ein eigenes Subunternehmen zu gründen: die GP Fleischservice. Zunächst arbeitete Gerbig mit deutschen Schlachtern und Zerlegern. Einer Zeugenaussage zufolge war es die Idee von Richard W., auch Polen über Gerbigs GP Fleischservice »laufen zu lassen«. Gerbig hatte demnach auch bei diesem Geschäft nichts zu melden. Er bekam vorgefertigte Werkverträge mit polnischen Unternehmen vorgelegt, die er nur noch unterzeichnen musste. Wenn Richard W. mehr Leute brauchte, wurden einfach neue Werkverträge unterschrieben. Die polnischen Firmen, laut Werkvertrag selbstständige Firmen, hatten offenbar genauso wenig zu sagen wie Gerbig: Richard W. suchte sich, glaubt man der Zeugenaussage, seine Leute in Polen selbst aus. Eingeteilt in vier Kategorien – von Kategorie IV, Hilfsarbeiter, bis Kategorie I, Spitzenleute, die für alle Arbeiten zu gebrauchen waren. Ob die polnischen Firmen überhaupt aktive Firmen waren oder reine Briefkastenfirmen, wusste nicht einmal Uwe Gerbig.

Nur ein einziges Mal war er in Polen, um Leute auszusuchen. Die vermeintlichen Betriebsstätten seiner polnischen Geschäftspartner bekam er allerdings nicht zu sehen. Normalerweise kümmerte sich Richard W. selbst um den Nachschub an Billigkräften.

Doch Richard W. bestimmte nicht nur alles in seinem Herrschaftsbereich: Offenbar ließ er sich auch dafür bezahlen, dass er Gerbig bei Weidemark ins Boot geholt hat. Bei den Durchsuchungen stößt die Staatsanwaltschaft auf einen äußerst ungewöhnlichen Vertrag: Es ist ein Beratungsvertrag zwischen Uwe Gerbigs GP Fleischservice und der Lebensgefährtin des Weidemark-Geschäftsführers, Frau Dr. G. Darin wird eine kostspielige Beratung vereinbart: Gerbig verpflichtet sich in dem Vertrag, zwei Prozent des Jahresumsatzes von GP Fleischservice an Dr. G. abzuführen. »Das Pauschalhonorar ist in monatlichen Teilbeträgen jeweils zum 15. eines jeden Monats zu zahlen«, heißt es in dem Vertrag. Wöchentlich muss Gerbig demnach seine Umsatzzahlen mitteilen, damit das Honorar für die Beratung berechnet werden kann. Doch das ist noch nicht alles: Zusätzlich bekommt Dr. G. laut Vertrag einen Anteil in Höhe von 50 Prozent des Jahresgewinns der GP Fleischservice. Der Vertrag galt nicht etwa nur für die Gewinne, die Gerbig bei Weidemark erzielt, sondern für sämtliche Gewinne und Umsätze, die er macht, also auch für seine Geschäfte bei Schmitz in Lohne – und das »unkündbar« für eine Dauer von zehn Jahren.

Warum sollte Uwe Gerbig die Hälfte seiner Gewinne und zwei Prozent seines Umsatzes für Beratungen ausgeben? Tatsächlich besitzt Dr. G. eine Beratungspraxis, sie ist Ernährungsberaterin. Und als solche sollte sie laut Vertrag auch tätig werden: »Sie verfügt auf diesem Gebiet über Kenntnisse und umfassende Erfahrungen. Sie steht der GP Fleischservice GmbH zur laufenden Beratung zur Verfügung.« Wollte Gerbig etwa abnehmen? Eine ernsthafte Gegenleistung für Gerbigs Zahlungen hat es offenbar nie gegeben. Kein Wunder, dass der Vertrag geheim bleiben sollte. In Paragraph acht heißt es: »Die Vertragsparteien vereinbaren, über diesen Vertragsabschluss Stillschweigen zu bewahren.« Für die Staatsanwaltschaft steht inzwischen fest, dass Gerbig den Vertrag unterschreiben musste, um bei Weidemark ins Geschäft zu kommen. Gegen den Weidemark-Geschäftsführer Richard W. und seine Lebensgefährtin wird inzwischen wegen Bestechlichkeit im Geschäftsverkehr ermittelt. Nach mehreren

Tagen in Untersuchungshaft hat Richard W. schließlich eingeräumt, 700 000 Euro abkassiert zu haben. Und Gerbig musste die Ernährungsberaterin sogar herunterhandeln: Ursprünglich wollte sie sogar drei Prozent seiner Umsätze, doch sie sah schließlich ein, dass sich dann das Geschäft für Gerbig überhaupt nicht mehr gerechnet hätte. Selbst als Bank musste Uwe Gerbig herhalten. Er gab Dr. G. auch einen Kredit zu einem Zinssatz von 6,5 Prozent, was damals weit unter den banküblichen Zinsen lag. Bis zu seiner Verhaftung hat er das Geld nicht wiedergesehen.

Von den Machenschaften seines Weidemark-Geschäftsführers will bei der Konzernmutter in Rheda-Wiedenbrück niemand gewusst haben. Am 23. Mai 2005 wird Richard W. fristlos entlassen. Als Grund nennt Tönnies die Untreue Richard W.s gegenüber seinem Arbeitgeber. Josef Tillmann wird zitiert, er sei »bestürzt darüber, nach über 20 Jahren Betriebszugehörigkeit so etwas erfahren zu müssen.«

Inzwischen hat Weidemark einen neuen Geschäftsführer. Wer nun erwartet hat, dass im Tönnies-Konzern nach dem Korruptionsskandal konsequent »aufgeräumt« würde, musste eine Überraschung erleben. Auch ein Jahr nachdem die merkwürdigen Verträge aufgeflogen sind, ist Uwe Gerbig noch immer als Subunternehmer bei Weidemark tätig. Auch sein dubioser polnischer Dienstleister ist noch im Geschäft, obwohl in Deutschland gegen ihn ein Haftbefehl vorliegt. Allerdings, heißt es in Branchenkreisen, bekommt Gerbig jetzt weniger Geld. Der Geschäftsführer habe Gerbigs Gewinnmarge genau um den Betrag gekürzt, den Gerbig vorher als Schmiergeld an Richard W.s Lebensgefährtin bezahlte. Dass Gerbig seine Leute, glaubt man den Berechnungen der Gewerkschaft NGG, zu Stundenlöhnen zwischen 2,50 und 5 Euro ausgebeutet hatte, spielt offenbar keine Rolle. Für den Oldenburger Gewerkschafter Matthias Brümmer ist das wenig überraschend: »Sozialversicherungsbetrug und Lohndumping« auf Seiten der Subunternehmer, seien für Tönnies »scheinbar Kavaliersdelikte. Erst wenn es an die eigene Tasche geht, werden die unerbittlich«, ist sein bitteres Fazit aus der Weidemark-Affäre.

23. 5. 2006, Sögel. Ein Jahr später. Wieder ist der Zoll zu Besuch bei Weidemark. Wieder haben die Beamten einen Durchsuchungsbeschluss dabei. Und auch Gerbigs Geschäftsräume sind diesmal wieder im Visier der Fahnder. Und wieder geht es um Steuerhinterziehung, Betrug zu Lasten der Sozialversicherung und illegale Beschäftigung von Ausländern. Doch ermittelt wird diesmal nicht gegen Weidemark oder Uwe Gerbig, sondern gegen einen Geschäftspartner, der ein in der Branche bislang vollkommen neues System entwickelt hat, Polen, Slowaken und Ungarn scheinbar legal nach Deutschland zum Arbeiten zu bringen. Es handelt sich um die Lathener Dienstleistungs GbR. Das Titelbild des Hochglanzprospektes zieren Bergsteiger vor einer untergehenden Sonne. Überschrift:»Gemeinsam machen wir es möglich!« Auf den ersten Blick wirkt alles seriös. Im Prospekt präsentiert sich das im Mai 2005 gegründete Unternehmen als »führender Dienstleister im Fleischzerlegungsbetrieb«. Weiter heißt es: »Unsere freiberuflichen Gesellschafter führen spezielle Zerlegearbeiten aus, sowohl im Geflügelbereich als auch im Rind- und Schweinefleischsektor. Nach den Vorgaben und Wünschen unserer Kunden zerlegen unsere Gesellschafter in den Produktionsstätten vor Ort alle Arten von Fleischwaren. Wir übernehmen selbstverständlich bei Bedarf alle anfallenden Verpackungs- und Reinigungsarbeiten. Wir sind ein deutsches Unternehmen und arbeiten mit selbständigen Mitarbeitern, die als Gesellschafter in der Lathener Dienstleistungs GbR aufgenommen werden. Dieses Konzept wurde einmalig in Zusammenarbeit mit mehreren steuerlichen Beratern, Rechtsanwälten, Wirtschaftsprüfern und dem Betriebsfinanzamt entwickelt und genehmigt.« Mit 100 Gesellschaftern sei das Unternehmen im norddeutschen Raum »einzigartig«. »Alle erforderlichen Unterlagen sind eingeholt und erteilt worden.«

In der Subunternehmerbranche rieben sich die Konkurrenten von Anfang an verwundert die Augen. Denn auf dem Papier scheint die Lathener Dienstleistungs GbR tatsächlich so etwas wie den »Stein der Weisen« gefunden zu haben: Die osteuropäischen Arbeiter sind keine Angestellten, sondern Teilhaber, damit gilt für sie die Niederlassungsfreiheit innerhalb der EU. Die mühselige Konstruktion, Arbeiter über einen weiteren zwischengeschalteten osteuropäischen Dienstleister anzuheuern, entfällt. Die Arbeiter melden als Selbstständige ein Gewerbe an, z.B.: »Fleischzerlegungs- und Ausbeinerarbeiten auf Schlachthöfen«. Als Gesellschafter einer deutschen Firma dürfen sie dann ohne weiteres in Deutschland arbeiten – theoretisch. Denn wenn sie tatsächlich Gesellschafter sind, dann müssen sie bestimmte Voraussetzungen erfüllen. Sie müssen ein unternehmerisches Risiko tragen, an Gewinnen und Verlusten »ihrer« Firma selbstverständlich beteiligt sein und: Sie tragen als Gesellschafter auch unternehmerische Verantwortung, haben also auch ein Mitspracherecht über die Entscheidungen des Unternehmens. Dass ein deutscher Subunternehmer sich von seinen polnischen Fließbandarbeitern sagen lässt, welchen Auftrag er zu welchen Konditionen annehmen darf, wäre in der Tat ein Novum in der Branche. Die Osnabrücker Staatsanwaltschaft kann sich das nur schwer vorstellen. Sie hat den Verdacht, dass die Polen, Ungarn und Slowaken nichts anderes sind als weisungsgebundene Arbeitnehmer, die im Grunde überhaupt nichts zu melden haben. In diesem Falle hätte ihr Arbeitgeber Sozialabgaben für sie abführen müssen. Zudem wären die Arbeiter illegal beschäftigt. Derzeit geht die Staatsanwaltschaft von einem Schaden von 205 000 Euro für die Sozialkassen aus, verursacht von der Lathener Dienstleistungs GbR. Vorwürfe, die der Firmengründer Heino Broer weit von sich weist: »Hier ist niemand illegal beschäftigt!«, sagt Broer. Seine Leute seien tatsächlich selbstständige Teilhaber des Unternehmens. Einmal im Monat gebe es eine Gesellschafterversammlung, auf der alle Entscheidungen besprochen würden. Außerdem habe die Gesellschaft regelmäßig ihre Umsatzsteuer bezahlt.

Die Aktion des Zolls bringe ihn in höchste Schwierigkeiten, meint der zerknirscht wirkende Broer: Manche seiner »Gesellschafter« hätten gerade mal noch fünf oder zehn Euro in der Tasche. In zwei Tagen hätten sie ihren »Anteil« ausbezahlt bekommen sollen. Doch nun seien sämtliche Konten gesperrt. Broer fürchtet, wenn er nicht bald wieder an sein Geld kommt, würden sich die Gesellschafter wieder in ihre Heimatländer absetzen.

Heino Broer ist den Behörden kein Unbekannter. In einem früheren Verfahren der Staatsanwaltschaft Oldenburg muss er sich wegen illegaler Beschäftigung und Betrug zu Lasten der Sozialkassen verantworten. Nach eigener Auskunft fordert die Staatskasse von Broer zwischen 300 000 und 400 000 Euro, die er an Sozialabgaben unterschlagen haben soll. Broer sieht sich auch in diesem Verfahren eher als Opfer denn als Täter. Seine damalige Firma B&W Metallbau beschäftigte jahrelang Ungarn, die über einen Dienstleister kamen. Sein ungarischer Geschäftspartner Dr. D., so die Ermittlungen der Staatsanwaltschaft, betrieb statt entsendefähigen Firmen – wie so häufig in der Branche – nur Anwerberbüros. Gegen Dr. D., der auch als Dienstleister für Uwe Gerbig in Erscheinung getreten ist, liegt inzwischen ein internationaler Haftbefehl vor. Broer allerdings, will nichts davon gewusst haben, dass Dr. D.s Aktivitäten in Ungarn vor allem auf dem Papier stattfanden.

Nachschub aus dem Knast –
Häftlinge in der Fleischwirtschaft

14. 3. 2006, Lingen/Ems. Gäbe es nicht die Gitter an den Fenstern und den Nato-Draht um den Sportplatz, wäre es fast ein idyllischer Ort. Die Haftanstalt Lingen-Damaschke liegt am Ortsrand, umgeben von hohen Kiefern, in direkter Nachbarschaft zu einem gepflegten, verkehrsberuhigten Wohngebiet. Das Gefängnis fügt sich dezent in die Landschaft ein. In Lingen-Damaschke sitzen Männer ein, bei denen davon auszugehen ist, dass sie kein Sicherheitsrisiko für die Öffentlichkeit darstellen. Es ist ein offener Vollzug, das heißt, wer hier sitzt, darf in der Regel tagsüber die Haftanstalt verlassen, um arbeiten zu gehen. »Der offene Vollzug ist für viele straffällig gewordene Menschen die letzte Warnung und gleichzeitig auch Chance, ihrem Leben eine positive Wende zu geben«, heißt es in den Grundsätzen der Anstalt und »Die Bediensteten haben dafür zu sorgen, dass die Gefangenen nicht entweichen, keine neuen Straftaten begehen, menschenwürdig untergebracht und behandelt werden. (…) Diese große Aufgabe soll mit möglichst geringen Mitteln erreicht werden.«

Zur Fleischbranche hat die Haftanstalt enge Kontakte – in vielerlei Hinsicht: Uwe Gerbig, Subunternehmer bei der Tönnies-Tochter Weidemark, hat hier einen Teil seiner Strafen abgesessen, bevor er ins Fleischgeschäft einstieg (Seite 116 f.). Auch sein Vorgänger bei Weidemark saß in Lingen. Und auch der wegen Betrugs und illegaler Beschäftigung verurteilte D&S-Geschäftsführer Joachim Scholten verbringt hier gezwungenermaßen seine Nächte.

Die Haftanstalten haben ein Interesse daran, dass Freigänger arbeiten gehen. Einen Teil ihres Lohnes müssen die Häftlinge an die Anstalt bezahlen: Miete für ihre Zelle. Je nachdem, ob es sich um eine Einzelzelle oder eine mehrfach belegte handelt, zahlen die Häftlinge zwischen 70 und 140 Euro an die Anstalt – für Kost und Logis – gemäß dem eigenen Grundsatz, die große Reintegrationsaufgabe mit möglichst geringen Mitteln zu erzielen. Der Leiter der JVA ist stolz darauf, dass nahezu alle Inhaftierten einer Arbeit nachgehen. Erstmals habe man 2006 »Vollbeschäftigung« in der Anstalt erreicht. In Niedersachsen sei das einmalig.

Billige Arbeitskräfte am Band

Die Fleischbranche mit ihrem unstillbaren Hunger nach billigen, wenn möglich legalen Arbeitskräften hat traditionell ein Interesse an Häftlingen. Der Stundenlohn für einen Freigänger am Schlacht- oder Zerlegeband beträgt zwischen sieben und acht Euro. Das ist immer noch günstiger, als einen gelernten Schlachter oder Zerleger einzustellen. So profitieren alle: Die Anstalt, die Kosten spart, die Häftlinge, die für ihr Leben nach der Haft sparen können, und die Arbeitgeber, die Lohnkosten einsparen.

Doch wie verträgt es sich mit den Grundsätzen der Haftanstalt, wenn ein ehemaliger Häftling wie Uwe Gerbig mit seinem langen Vorstrafenregister heute Männer aus dem Gefängnis rekrutiert? Ebenso merkwürdig erscheint, dass auch bei D&S Fleisch Freigänger aus Lingen am Band stehen. Fragwürdig angesichts der Tatsache, dass der ehemalige Geschäftsführer Joachim Scholten selbst dort seine Haftstrafe verbüßt, während der amtierende Geschäftsführer Herbert Dreckmann nur zur Bewährung auf freiem Fuß ist, weil er rechtskräftig wegen Betrugs und illegaler Beschäftigung ver-

128

urteilt ist. Wissen die Verantwortlichen in der Haftanstalt nicht, mit wem sie es zu tun haben, wenn sie Leute an Uwe Gerbigs GP Fleischservice oder an D&S Fleisch vermitteln? Im niedersächsischen Justizministerium hat man damit offensichtlich keine Probleme. Auf Anfrage des Autors bestätigt die Sprecherin, dass über Uwe Gerbigs GP Fleischservice drei Freigänger an den Bändern des Schlachthofes Weidemark in Sögel arbeiten. Darüber hinaus seien 12 Freigänger bei einer Firma namens Mister Pack in Wildeshausen beschäftigt. Über diesen Dienstleister sind sie bei der S+R Fleischservice beschäftigt, der die Männer bei D&S Fleisch ans Band stellt. S+R Fleischservice ist den Behörden ebenfalls nicht unbekannt: Für diese Firma zeichnet Ingolf Röschmann verantwortlich, der Mann, der sich zur Zeit wegen illegaler Beschäftigung verantworten muss. Aus Sicht des Ministeriums ist daran nichts auszusetzen. Die Eignung der jeweiligen Arbeitgeber sei festgestellt worden. Gewerbeanmeldungen, Steuerunterlagen und ggf. Gesellschafterverträge und Handelsregisterauszüge würden regelmäßig vor der Erteilung der Erlaubnis, Häftlinge zu beschäftigen, geprüft. Auch eine geringfügige Unterschreitung des ortsüblichen Lohns sei zulässig, zumal die Arbeitgeber für den Transport der Gefangenen aufkommen müssten.

Dass die Mitarbeiter der Firma Mister Pack bei D&S Fleisch am Band stehen, hält das Ministerium trotz des kriminellen Hintergrunds der Unternehmensleitung und ihres Subunternehmers Röschmann für vertretbar:

»Die Freigänger sind bei der Firma Mister Pack in Wildeshausen eingestellt. Es gibt daher kein Arbeitsverhältnis mit der Firma D&S Fleisch in Essen, dessen Gesellschafter die Herren Scholten und Dreckmann sind. (...) Die Tatsache allein, dass ein Gesellschafter vorbestraft, inhaftiert war oder ist, kann nicht zur Ablehnung eines Freigängereinsatzes führen. Die Firma D&S Fleisch in Essen ist eine der großen Fleischfirmen in Europa und beschäftigt ca. 800 Arbeitskräfte. Erkenntnisse, die gegen einen Arbeitseinsatz auf dem

Schlachthof der Firma D&S Fleisch in Essen sprechen würden, lagen der Haftanstalt nicht vor.«

Das könnte sich allerdings ändern. Denn manches erscheint dubios im Verhältnis zwischen Haftanstalt und Fleischwirtschaft. Ein Arbeiter etwa, der als Freigänger von Lingen aus bei D&S Fleisch in Essen/Oldenburg arbeitet, schildert seine Erfahrungen in einer eidesstattlichen Versicherung, die dem Autor vorliegt. Heinrich H. war vom 13. 2. 2006 für einige Wochen bei der Firma Mister Pack als Fleischerhelfer und Mitarbeiter in der Verpackung beschäftigt. Bereits sein Arbeitsvertrag lässt Zweifel daran aufkommen, dass der Job seiner Reintegration dienen sollte, denn der unbefristete Vertrag sollte »längstens bis zur Haftentlassung bzw. Haftunterbrechung« gelten. Heinrich H. war insofern offenbar nur als Häftling für die Firma Mister Pack interessant. Sein Bruttostundenlohn beträgt laut Vertrag 7,80 Euro.

Glaubt man der eidesstattlichen Versicherung des Häftlings, gibt es erhebliche Zweifel an der Seriosität seines Arbeitgebers: »Eine Sozialversicherungsanmeldung von Seiten der Firma Mister Pack GmbH fand ca. am 10. 3. 06 statt; d. h. vom 13. 2. bis 10. 3. 06 war ich beschäftigt auf Lohnsteuerkarte bei vorgenanntem Unternehmen, ohne, dass Mister Pack für mich Sozialversicherungsbeiträge abgeführt hätte. Am 20. 2. 06 hatte ich während der Arbeitszeit einen Unfall. Beim Schieben von Schweinefleischteilen im Kühlhaus verdrehte ich mir das linke Knie. Am 21. 02. 06 schrieb mich der Allgemeinmediziner Dr. K. krank. Der Freigängerbeauftragte schenkte meiner Aussage keinen Glauben und stellte mich als Drückeberger hin. Von Mister Pack erhielt ich am 17. 3. 06 meine Kündigung, da ich meine Probezeit »nicht bestanden« hätte. Die Sozialversicherungsanmeldung erfolgte erst auf meine ausdrückliche Intervention am 10. 3. 06.«

Heinrich H. hätte demnach bei D&S Fleisch gearbeitet, ohne dass für ihn Sozialversicherungsbeiträge gezahlt worden sind. Wenn es stimmt, was der Mann berichtet, hatte die Haftanstalt davon entweder keine Kenntnis oder sie tolerierte es. Sabine Poppe, Geschäftsführerin von Mister Pack, will sich zu den konkreten Vorwürfen nicht äußern. Sie behauptet pauschal: »Wir melden jeden.«

Noch brisanter als die Aussage von Heinrich H. sind allerdings die Angaben, die der Inhaftierte Klaus P. gegenüber der Staatsanwaltschaft Oldenburg gemacht hat. Demnach wären Merkwürdigkeiten, wie sie Heinrich H. widerfahren sind, kein Einzelfall: Klaus P. hat mit der Fleischbranche eigentlich überhaupt nichts zu tun. Er kommt aus einer ganz anderen Welt. Bevor er verurteilt wurde, hat er sich vor allem mit Golf beschäftigt. Er war Herausgeber eines Hochglanzmagazins, das seinen Lesern die exquisitesten Greens vorstellte. An einem Projekt hat sich Klaus P. dann allerdings finanziell überhoben. Er kreierte eine Comicfigur, die Jugendlichen das Golfen näher bringen sollte: Timber Tee, ein Männchen, dessen Kopf aus einem Golfball besteht. Klaus P. wollte die Figur groß vermarkten, doch das Unternehmen geriet in eine Schieflage. Mit Steuerhinterziehungen versuchte er schließlich seine Firma zu retten. Um sieben Millionen Euro betrog er den Fiskus. Dann zeigte er sich selbst an. Er wurde zu drei Jahren und sechs Monaten Haft verurteilt – ohne Bewährung. Die Fleischbranche kennt Klaus P. nur aus Erzählungen seiner Zellengenossen. Und was er täglich von seinen Mitgefangenen hört, lässt ihn nicht mehr los. Im März 2006 entschließt er sich, nicht länger zu schweigen. Er wendet sich an den Autor und erhebt Vorwürfe gegen die Verantwortlichen der JVA. Gleichzeitig setzt er sich mit der Staatsanwaltschaft Oldenburg in Verbindung, um auszusagen:

»In der JVA Lingen II wird im Haus 1 von offizieller Seite permanent und von oberster Stelle gedeckt, gegen Persönlichkeitsrechte aller Inhaftierter sowie gegen gesetzliche Arbeitsschutzbestimmungen, Arbeitsrechtsbestimmungen und Arbeitsverträge mit Sozialversicherungsangaben verstoßen. Ausführender und hauptverantwortlicher Beamter ist in diesem Zusammenhang der Freigängerbeauftragte der Anstalt. Er ist Beamter im Vollzugsdienst, zuständig u. a. für die Unterbringung von Freigängern in lohnsteuerpflichtige Beschäftigungsverhältnisse und deren Kontrolle vor Ort.«

Glaubt man der Aussage von Klaus P., ergeht es den Freigängern an den Bändern von D&S Fleisch und Weidemark kaum besser als ihren osteuropäischen Kollegen: »Viele Inhaftierte arbeiten bis zu 260 Stunden/Monat für maximal 1000 bis 1200 Euro unter erbärmlichen Bedingungen. Die Helfer haben willkürliche Abzüge in ihren monatlichen Abrechnungen zwischen 25 und 140 Euro/Monat für Arbeitsgeräte und -Materialien, die sie in Wahrheit oft nicht erhalten. Alle Inhaftierten beklagen zudem in erheblichem Umfang nicht abgerechnete Stunden, aber ihre Beschwerden werden im Haus 1 von der Leitung und vom Freigängerbeauftragten konsequent ignoriert.«

Korruption in der Haftanstalt?

Inzwischen ermittelt die zuständige Staatsanwaltschaft Osnabrück wegen Korruption. Im Visier des Staatsanwalts: der Freigängerbeauftragte, der Vollzugsleiter und Joachim Scholten, der Verurteilte ehemalige D&S Fleisch-Geschäftsführer. Scholten, dem noch immer 40 Prozent von D&S Fleisch gehören, genieße in der Haftanstalt eine Sonderbehandlung, gab Klaus P. zu Protokoll. Er selbst sei mehrmals Zeuge gewesen, wie Scholten mit Fleischtüten aus seinem Betrieb in die Haftanstalt zurückkehrte. Empfänger der 2–3 Kilo schweren Fleischpräsente seien nicht nur Häftlinge, sondern auch der Freigängerbeauftragte und ein weiterer Vollzugsbeamter.

Demnach gäbe es ein eingespieltes System zwischen dem inhaftierten Fleischbaron und Verantwortlichen in der Anstalt: Wer sich über die Arbeitsbedingungen in den Fleischbetrieben beschwere, lebe mit dem Risiko, Sonderrechte entzogen zu bekommen, würde etwa seinen Einzelhaftraum verlieren. Im schlimmsten Fall würden unbequeme Häftlinge »abgeschossen«. Das heißt, sie verlieren ihren Freigängerstatus.

Auch der Zeuge Klaus P. hat inzwischen seinen Freigängerstatus verloren. Unmittelbar nachdem er sich mit dem Autor getroffen hatte, am 17. März 2006, wird ihm vorgeworfen, er habe eine Aufseherin beleidigt. Seine Zelle wurde vor der Verlegung, so seine Aussage, mehr als ausgiebig gefilzt. Sein Zellenkollege bestätigt den Vorgang in einer eidesstattlichen Versicherung, die dem Autor vorliegt. Seitdem vermisst der Zeuge nicht nur einen Teil seiner Korrespondenz mit seinen Anwälten, sondern auch ein Exemplar des Films »Die Fleischmafia«, das ihm der Autor überlassen hatte.

Nachdem die Vorwürfe in Lingen bekannt wurden, hat die Haftanstalt Selbstanzeige erstattet. Ein übliches Vorgehen, wenn es aus dem Kreis der Inhaftierten Vorwürfe gegen die Anstalt gibt. Mafiöse Zustände im Gefängnis Lingen-Damaschke oder ein Racheakt von Gefangenen an ihren Aufsehern? Im niedersächsischen Justizministerium liegt ein Bericht der Staatsanwaltschaft Oldenburg über die Vorgänge vor. Zu den Vorwürfen heißt es auf Seiten des niedersächsischen Justizministeriums: Erkenntnisse etwa über willkürliche Lohnabzüge lägen hier nicht vor. Verstöße gegen das Arbeitszeitgesetz seien »nicht bekannt«: »Die elektronisch erfassten Abwesenheiten werden täglich in einer Übersicht für jeden einzelnen Gefangenen festgehalten. Eine Überprüfung der Arbeitszeiten der Freigänger wird regelmäßig von dem Freigängerbetreuer vorgenommen. Bei den Freigängern der Firma Mister Pack sind Unregelmäßigkeiten bisher nicht festgestellt worden. Gelegentliche, aber seltene Unregelmäßigkeiten bei den Zeiten der Freigänger werden unverzüglich aufgearbeitet.« Alles in Ordnung also? Auf Nachfrage muss die Ministeriumssprecherin einräumen, dass sich das Ministerium bei dieser Aussage bislang nur auf die Angaben des Freigängerbeauftragten berufen kann. Also des

Mannes, der gerade im Zentrum der Ermittlungen wegen Korruption steht. Erst auf eine erneute Anfrage des Autors veranlasst die Anstaltsleitung eine erneute Prüfung. Als »neutraler Prüfungsbeamter« sei nun ein Wirtschaftsinspektor eingesetzt worden, teilt das Ministerium am 19. 6. 2006 mit. Das Ergebnis seiner Prüfung sollte bis 23. 6. 2006 vorliegen. Auf erneute Nachfrage des Autors, zu welchem Ergebnis der Wirtschaftsinspektor kam, gibt die Sprecherin des Ministeriums eine überraschende Antwort. Dazu könnte sich das Ministerium nicht äußern, denn diese Überprüfung sei ja Teil eines Ermittlungsverfahrens. Merkwürdig dabei: Das Ermittlungsverfahren hat es allerdings auch schon gegeben, als das Ministerium mit Verweis auf den Freigängerbeauftragten freimütig bekannt gab, alles sei in bester Ordnung.

Von den Vorwürfen gegen Joachim Scholten wollen offenbar weder Haftanstalt noch Ministerium Kenntnis haben: »Der Strafgefangene Joachim Scholten genießt keinerlei Sonderbehandlung in der Justizvollzugsanstalt. Der Vorwurf, dass Beamte der JVA Lingen-Damaschke Fleischpräsente angenommen hätten, wurde bisher nicht erhoben«, behauptet das Ministerium. Dem steht allerdings die Aussage des Zeugen Klaus P. gegenüber. Er hatte in seiner Vernehmung gegenüber der Oldenburger Staatsanwaltschaft zu Protokoll gegeben: »Scholten hat in der JVA Lingen II eine Sonderstellung. Ich war dreimal Augenzeuge, dass er an der Wache nicht kontrolliert wird. Ein Vorfall war besonders auffällig. Ein junger Justizvollzugsbeamter wollte ihn kontrollieren. Er hatte eine College-Mappe dabei. Scholten raunzte ihn an, warum er ihn kontrollieren wolle. Scholten forderte ihn auf, in Haus I anzurufen, was er auch tat. Scholten durfte dann tatsächlich ohne Kontrolle durchgehen. (...) Ich habe selbst gesehen, wie Herr Scholten dem Freigängerbeauftragten ein Fleischpaket in einer Plastiktüte in dessen Büro gegeben hat.« Demnach ist der Vorwurf aktenkundig. Und die Vorgänge in Lingen werden intern weitaus ernster genommen als das Justizministerium bislang eingesteht: Joachim Scholten verliert Anfang Juli 2006 seinen Freigang: Er wird in den geschlossenen Vollzug in der Justizvollzugsanstalt Meppen verlegt. Im Juli 2006 schließlich untersagt das Ministerium den seltsamen Verleih von Häftlingen an D&S Fleisch und Weidemark ganz. Wenige Wochen zuvor hatte das Ministerium den Einsatz der Freigänger noch verteidigt. Doch offenbar hat man jetzt Zweifel.

Ob sich der Vorwurf der Korruption am Ende bestätigen wird, kann derzeit niemand vorhersehen. Drei Monate nachdem der Zeuge Klaus P. seine Aussage gemacht hat, ist das Verfahren – so scheint es – ins Stocken geraten. Ernsthafte Versuche, diesem schwerwiegenden Vorwurf auf den Grund zu gehen, hat es zumindest erkennbar bis zu diesem Zeitpunkt nicht gegeben. Dabei gäbe es genügend Ansätze zu ermitteln: Außer dem Zeugen Klaus P., der sich von allein an die Behörden gewandt hat, wurde kein einziger weiterer Zeuge vernommen. Wieso nicht auch Heinrich H., dessen eidesstattliche Erklärung der Staatanwaltschaft in Osnabrück vorliegt, bislang nicht vernommen wurde, erscheint schwer nachvollziehbar. Und es gibt weitere Zeugen, für deren Aussage sich bis zu diesem Zeitpunkt niemand zu interessieren scheint. Dimitri F. etwa hatte bis zu seiner Entlassung aus Lingen am 14. 3. 2006 für GP Fleischservice am Schlachtband von Weidemark gestanden. Der Deutsche kasachischer Herkunft erhebt im Gespräch mit dem Autor ähnliche Vorwürfe wie seine Mitgefangenen. Von Arbeitszeiten in der Regel zwischen 8 und 18 Uhr, wie sie das Ministerium den Angaben der Haftanstalt folgend behauptet, könne demnach keine Rede sein: »Meistens 12 Stunden gearbeitet, 12 Stunden haben wir gemacht, jeden Tag fünf Tage die Woche. Man wird zu schlecht bezahlt dafür«, erzählt der Mann in gebrochenem Deutsch. Auf die Frage, ob er entsprechend entlohnt wurde, meint er: »Ich glaube nicht, ich glaube, ich habe weniger Stunden ausbezahlt bekommen, ich habe die Stunden nicht aufgeschrieben, das war mein größter Fehler. Aber auch die anderen waren unzufrieden, manche Leute haben

20 Stunden weniger bekommen, manche nur vier.« Zudem sei ihm Geld für Wäsche und Werkzeug abgezogen worden, dabei habe er nicht einmal Werkzeug bekommen. Beschwerden bei der Haftanstalt darüber würden regelmäßig ins Leere laufen: »Ich hab einmal unseren Vermittler angesprochen, ganze Woche gearbeitet, Stundenlohn ist zu niedrig, dann hat er gesagt, wir müssen mit dem Betriebsleiter von Weidemark reden. Aber wenn man nicht mehr zur Arbeit geht, wird einem der Urlaub gestrichen, der Ausgang gesperrt. Wenn man angefangen hat zu arbeiten und dann wieder aufhört, wird das Leben schlimmer hier vor Ort. Wenn man normal arbeiten geht, hat man keinen Ärger mit den Beamten.«

Dimitri F.s Lohnabrechnungen belegen die Abzüge für Arbeitsmaterial und Wäsche. Sie liegen der Staatsanwaltschaft Osnabrück vor. Die Angaben über die geleisteten Arbeitsstunden müssten dank des elektronischen Zugangssystems zur Haftanstalt überprüfbar sein. Dennoch sind die Behörden seiner Aussagen bisher nicht nachgegangen.

So steht am Ende der Ermittlungen möglicherweise die Einstellung des Verfahrens, bevor den zahlreichen Hinweisen überhaupt nachgegangen worden ist. Bitter wäre das vor allem für Klaus P., den Mann, der das Verfahren ins Rollen gebracht hat. Er erwartet derzeit einen Strafbefehl wegen der angeblichen Beleidigung einer Aufseherin, gegen den er sich juristisch zur Wehr setzen will. Er weiß, dass das ein Strafbefehl bedeuten würde, dass er auf absehbare Zeit seine Lockerungen, etwa seinen Freigang, nicht mehr zurückbekäme: »Ich bin mir keiner strafbaren Handlung bewusst. Vielmehr habe ich nur versucht, meine staatsbürgerliche Pflicht zu tun, indem ich Menschen helfe, die sich selbst nicht helfen können. Damit meine ich die zahlreichen Inhaftierten, die als Fleischhelfer vorsätzlich ausgebeutet werden mit Billigung der Anstalt«, schreibt er in einer Strafanzeige, die er nun seinerseits wegen der Beschlagnahmung seiner privaten Unterlagen gegen die Haftanstalt gestellt hat.

»Wahnvorstellungen des Zolls«? –
der Münchener Schlachthof im Visier
der Ermittler

26. 4. 2005, München. Sie sind bis an die Zähne bewaffnet, kugelsichere Westen, schwarze Masken und Helme mit schusssicheren Visieren gehören zu ihrer Standardausrüstung. Sie stehen vor einem der traditionsreichsten Schlachthöfe in Deutschland. Seit 1878 wird in der Münchener Zenettistraße geschlachtet. Seit dem Jahr 2000 ist der einstmals Städtische Schlachthof in Privatbesitz. Polizei und Zoll wollen sich keine Fehler erlauben an diesem Morgen und haben vorsorglich die Spezialeinsatzkräfte der Polizei geordert. Die Elitetruppe der Polizei kommt immer dann zum Einsatz, wenn mit der Bewaffnung des Gegners zu rechnen ist. In diesem Fall handelt es sich um ungarische Schlachter und Zerleger, die vermutlich illegal hier arbeiten. Die Beamten befürchten, irgendjemand von den Ertappten könnte die Nerven verlieren und mit Schlachtermessern oder, noch schlimmer, mit Fleischsägen auf sie losgehen. Deshalb gehen sie auf Nummer sicher. Es ist sieben Uhr morgens, als die martialisch wirkende Polizeitruppe den Schlachthof stürmt. Im Schlepptau Ermittler der Finanzkontrolle Schwarzarbeit und Dolmetscher. Widerstand leistet keiner der Arbeiter. Im Gegenteil, die Beamten treffen auf eine vollkommen überraschte Schlacht- und Zerlegemannschaft. Die Männer wirken eher ängstlich und verunsichert, und sie sind kooperativ. Sie packen aus, denn sie haben nichts zu verlieren. Viele von Ihnen ahnen bereits, dass das, was sie hier tun, nicht legal ist. Mit Hilfe ihrer Aussagen gelingt es den Ermittlern nach und nach, ein dichtes Geflecht

aus Scheinfirmen, Korruption und fragwürdigen Verhaltensweisen deutscher Behörden offen zu legen.

Monatelang hatte die Sonderkommission »Bunda« ermittelt und war dabei täglich auf weitere Namen, Firmen, Adressen gestoßen. Wie Puzzlesteine fügen sich die Aussagen der Arbeiter in die schon vorhandenen Ermittlungsergebnisse ein. Der Verdacht der illegalen Beschäftigung von ungarischen Arbeitern in großem Stil scheint sich zu bestätigen. Besuch von Polizei und Zoll bekommen an diesem Morgen zeitgleich 136 weitere Objekte: Wohnungen, Baustellen, Schlachthöfe. Seit der Großaktion an diesem Morgen gehen die Ermittler nun davon aus, dass das Geflecht von Scheinfirmen, dem sie auf der Spur sind, in nur fünf Jahren illegal einen Umsatz von mindestens 100 Millionen Euro gemacht hat. Um rund 10 Millionen, schätzen sie, wurden die deutschen Sozialkassen geprellt. Eine Größenordnung, über die selbst erfahrene Ermittler staunen.

Im Zentrum dieses mafiösen Netzes: die Firma Tóth Bau und Montage GmbH aus Fulda. Sie gehört dem ungarischen Staatsbürger Boldizsár Tóth. Es waren vor allem seine Firmen, denen die bundesweite Razzia galt. Boldizsár Tóth selbst ist an diesem Morgen von Budapest nach Deutschland aufgebrochen. Doch entgegen seinen Plänen, kehrt er auf halben Weg wieder zurück und bleibt in Ungarn. Derweil laufen in seinen Firmen die Vernehmungen weiter. Rund 150 seiner Ungarn, die in Verdacht stehen, illegal in Deutschland beschäftigt zu sein, werden aufgegriffen, im Münchener Schlachthof sind es etwa dreißig Mann. Doch nicht nur auf die ausländischen Arbeiter haben es die Ermittler abgesehen. Sie ermitteln auch gegen den Betreiber des Schlachthofs: die Münchener Schlachthof Betriebs GmbH. Offizielle Geschäftsführerin ist Andrea Attenberger. Doch den Ermittlern liegen Zeugenaussagen vor, denen zufolge ihr Ehemann das Sagen hat. Dieser war es auch, so die Ermittler, der im März 2002 mit dem ungarischen Bauunternehmer Tóth ins Geschäft kam, der einen Werkvertrag mit der Münchener

Schlachthof Betriebs GmbH abschloss. Tóths Ungarn sollten in seinem Betrieb die Schlachtung übernehmen. Später kamen weitere Verträge dazu, und auch die Zerlegung und Verpackung wurde von Tóths Ungarn übernommen. Auf diese Weise arbeiteten rund 36 Ungarn regelmäßig für Attenberger in der Zerlegung, 15 weitere in der Verpackung.

Was daran war illegal? Legal ist, wenn die Ungarn eigenverantwortlich die Schlachtung und Zerlegung organisieren und abwickeln. Das heißt, sie selbst entscheiden zum Beispiel darüber, wie viel sie pro Stunde schlachten und wie lange sie pro Tag arbeiten. Die Arbeiter des Subunternehmers dürfen also nicht in den Arbeitsablauf und Produktionsprozess des Auftraggebers eingebunden sein.

Regeln, die im Münchener Schlachthof, so die Vorwürfe, arg gedehnt wurden. Denn der deutsche Schlachthofbesitzer Ludwig Attenberger hat, glaubt man den Zeugenaussagen, sehr wohl Anweisungen gegeben: »Es ist richtig, dass Personal der Firma Tóth gezielt von Herrn Attenberger für den Einsatz im Schlachthof angefordert wurde. Er hat Vorgaben gemacht, wie viele Personen in den verschiedenen Bereichen anwesend sein mussten«, gibt einer zu Protokoll, der es wissen muss: Ein enger Mitarbeiter des ungarischen Subunternehmers Tóth, der etliche Werkverträge mit eingefädelt hat. Demnach hatte Tóth als Subunternehmer im Schlachthof wenig zu melden. In eigener Regie, wie es ein Werkvertrag eigentlich verlangt, durften Tóths Leute praktisch nichts von Bedeutung entscheiden. So hätten die Ungarn keinerlei Einfluss darauf gehabt, wie schnell die Bänder liefen. Die Arbeitsgeschwindigkeit wurde von einem Vorarbeiter Attenbergers gesteuert. Der deutsche Vorarbeiter, so das Ergebnis der Ermittlungen, entschied auch, wie viele Tiere täglich zu schlachten sind und damit über die Arbeitszeiten des angeblich selbstständig arbeitenden Subunternehmers. Ein deutscher Vorarbeiter war auch Herr des so genannten »Zuschnittkatalogs«. Im Zuschnittkatalog wird festgelegt, wie die einzelnen Stücke für welchen Kunden zu schneiden sind. Die ungarischen Arbeiter bekamen in der Regel erst am selben Tag die Anweisungen, wie die Zerlegung und Schnittführung auszusehen habe. Zudem beschäftigte Attenberger laut Zeugenaussagen einen so genannten Hygienebeauftragten. Wenn der Verstöße gegen die Hygieneregeln bei den ungarischen Arbeitern feststellte, setzte er Strafzahlungen fest. Selbst die Pausenzeiten wurden von Attenbergers Vorarbeitern festgelegt. Doch letztlich hatten selbst die nicht viel zu melden, glaubt man der Zeugenaussage von Tóths Mitarbeiter: »Herr Attenberger wusste über alles Bescheid. Die Vorarbeiter der Firma Attenberger hatten wirklich Angst, irgendeine Entscheidung ohne Einverständnis oder gar gegen den Willen des Herrn Ludwig Attenberger zu treffen. Ich kann eindeutig sagen, dass Anweisungen, die die Vorarbeiter der Firma Attenberger an die Arbeitnehmer der Firma Tóth gegeben haben, von Ludwig Attenberger stammen und auf Weisung von Attenberger an die Arbeitnehmer der Firma Tóth weitergegeben worden sind.«

Selbst wo seine Arbeiter wohnen, durfte der Subunternehmer nicht entscheiden, erzählt der Zeuge: »Ich entscheide, wo die Arbeiter wohnen!«, zitiert er den offenbar machtvoll auftretenden Attenberger, der anordnete, dass sie gefälligst in seiner Unterkunft zu wohnen hätten. Die Miete dafür kassierte er von ihren Löhnen.

Inzwischen hat die Münchener Staatsanwaltschaft Anklage erhoben. Die Finanzkontrolle Schwarzarbeit kommt zu dem Ergebnis, dass Tóths Arbeiter von Attenberger wie eigenes Personal eingesetzt wurden. Nach dem vorliegenden Ermittlungsergebnis stand bei den Werkverträgen Attenberger/ Tóth nicht die Erfüllung eines vorab festgelegten Gewerkes im Vordergrund, sondern der kostengünstige Einsatz ungarischer Arbeitskräfte anstelle ›teurer‹ deutscher Arbeitnehmer, da für die ungarischen Arbeiter keine Sozialversicherung in Deutschland bezahlt wurde. Nach Berechnung der Finanzkontrolle Schwarzarbeit entgingen den Sozialkassen so insgesamt 642 601 Euro.

Ludwig Attenberger lässt zu den Vorwürfen seinen Anwalt antworten. Er teilt mit, dass sein Mandant die Vorwürfe bestreitet und bittet um Verständnis, »dass wir diese Frage nicht öffentlich diskutieren wollen«.

Doch es ist nicht nur die eigenwillige Umsetzung des Werkvertrages, die die Ermittler hellhörig werden lässt. Sie haben erhebliche Zweifel daran, dass der Bauunternehmer Tóth überhaupt über eine ungarische Firma verfügt, die die Schlachter und Zerleger legal nach Deutschland hätte entsenden dürfen. Sowohl Tóths Bauarbeiter als auch sein Schlachthofpersonal arbeiteten im Rahmen von Werkverträgen in Deutschland. Wie in den Werkvertragsabkommen mit den anderen osteuropäischen Ländern auch, waren diese Werkverträge bis zum Beitritt Ungarns zur EU genehmigungspflichtig. Jeder einzelne Werkvertrag musste vom Landesarbeitsamt Frankfurt am Main genehmigt werden. Eine Voraussetzung für die Genehmigung: Das Unternehmen, das seine Leute nach Deutschland schicken will, muss in seinem Heimatland eine nennenswerte Geschäftstätigkeit nachweisen können. Damit sollte sichergestellt werden, dass nicht Firmen gegründet werden, deren einziger Zweck es ist, Arbeiter für Deutschland zu rekrutieren. Formal arbeiteten Tóths Leute alle legal in Deutschland. Sämtliche Werkverträge waren genehmigt. Doch die Ermittler gehen dem Verdacht nach, dass fast alle Firmen, die für Tóth Ungarn nach Deutschland entsendet haben, nur auf dem Papier bestanden hätten.

Der Trick mit den Kontingenten

Wenn die Ermittler Recht hätten, hätte Tóth, anders als manch anderer Subunternehmer in der Branche, ein ausgeklügeltes System entwickelt, die Behörden hinters Licht zu führen. In der offiziellen Buchführung erwirtschaften Tóths ungarische Firmen durchaus respektable Gewinne. Doch womit? Tóth handelte mit so genannten Kontingenten. Das ungarische Arbeitsministerium vergab so genannte Kontingente an Firmen. Das war die Erlaubnis, eine bestimmte Anzahl von Ungarn im Rahmen von Werkverträgen nach Deutschland zum Arbeiten zu schicken. Tóth verfügte offenbar über ein so großes Kontingent, dass er damit handelte. Er ließ sich die Lizenzen von anderen ungarischen Firmen bezahlen. Sechs bis 12 Prozent soll er, so die Ermittlungen, von den Umsätzen, die andere Unternehmen mit Werkverträgen in Deutschland machten, kassiert haben. Tóths ungarische Firmen waren demnach oft reine Vermittlungsagenturen, die Provisionen kassierten.

In den Jahresabschlüssen wurden diese Vermittlungsgebühren dann schließlich als in Ungarn erwirtschafteter Gewinn ausgewiesen. So entstand der Eindruck, Tóth erwirtschafte in Ungarn tatsächlich respektable Umsätze. Doch was haben diese Firmen tatsächlich in Ungarn erwirtschaftet? In mühevoller Kleinarbeit haben Beamte der Finanzkontrolle Schwarzarbeit diese Vermittlungsgebühren aus den Bilanzen der ungarischen Unternehmungen herausgerechnet. Ihr Ergebnis: Zwischen 1999 und 2002 waren es nach Abzug dieser Vermittlungsgebühren nicht einmal ein Prozent, die die ungarischen Firmen am Gesamtumsatz des Unternehmensgeflechts erwirtschafteten. Die Zollfahnder gehen deshalb nicht von einer »nennenswerten Geschäftstätigkeit« in Ungarn aus. Ein starkes Indiz für Scheinunternehmen, die nur die Aufgabe haben, Arbeiter scheinbar legal nach Deutschland zu schleusen.

In der Fleischbranche war überhaupt keiner der ungarischen Beschäftigten tätig. Das hat das Unternehmen selbst gegenüber der Fleischereigenossenschaft in einem Fragebogen so angegeben. Davon, dass Tóth einen eigenen Schlachthof in Ungarn betrieben hätte, kann demnach gar keine Rede sein. Dem Autor gegenüber behauptet Tóth, er habe eine Beteiligung an einem Schlachthof. Demgegenüber sprechen selbst seine Anwälte während des Ermittlungsverfahrens nur von einem Fleischbetrieb »in Vorbereitung«.

Bis zu 5000 ungarische Arbeiter, schätzen die Ermittler, hatte Tóth im Lauf der Jahre nach Deutschland geschleust und damit Millionenumsätze erzielt. Wenn die Ermittler Recht hätten, stellt sich die Frage: Wie konnte er so lange damit durchkommen? Wieso ist jahrelang weder den ungarischen noch den deutschen Behörden, die für die Genehmigung von Werkverträgen zuständig sind, je etwas aufgefallen? Bevor ein ungarisches Unternehmen einen Werkvertrag in Deutschland genehmigt bekommt, muss es auch den Behörden in Ungarn plausibel machen, dass es sich um einen Betrieb mit nennenswerter Geschäftstätigkeit handelt und nicht etwa nur um ein Anwerberbüro. Dies soll ein so genanntes Präqualifizierungsverfahren sicherstellen. Ungarische Handelskammern oder Interessenverbände überprüfen dabei zunächst Bilanzen und Handelsregister des Unternehmens. Dann erstellen die Verbände ein Gutachten über die Eignung des Unternehmens. Anhand dieses Gutachtens wird im ungarischen Wirtschaftsministerium dann eine Rangliste der Unternehmen aufgestellt, die darüber entscheidet, welches Unternehmen wie viele Exportlizenzen erhält. Besonders pikant im Fall Tóth: In einem der Unternehmerverbände, die die Gutachten erstellen, dem »Verband internationaler Unternehmer«, wurde 1995 ausgerechnet Boldizsár Tóth zu einem von drei »Präsidenten der Aufklärung« gewählt. Ebenfalls »Präsident der Aufklärung« in diesem Verband ist der Rechtsanwalt Günter B. Zwischen Boldizsár Tóth und der Kanzlei Günter B. gibt es eine enge Verbindung. So focht die Kanzlei zum Beispiel 2003 im Auftrag von Tóth einen Gebührenbescheid der Bundesanstalt für Arbeit an. Dass das Verhältnis zwischen Tóth und dem Anwalt enger war als ein normales Anwalt-Mandant-Verhältnis, belegt eine vertragliche Vereinbarung, die dem Autor vorliegt. Demnach waren die beiden de facto Geschäftspartner. Mit anderen Worten: Der »Verband internationaler Unternehmer« war fest in der

Hand des Tóth-Imperiums. Ausgerechnet der Mann also, der nach bisherigen Ermittlungen in erster Linie ein Geflecht aus Scheinfirmen in Ungarn betrieben haben soll, hatte Einfluss darauf, welche Firmen die Qualifikation für das Werkvertragsverfahren bekamen.

Anhand der Gutachten entscheidet das Arbeitsministerium über die Vergabe der Lizenzen. Doch hier hat die Beamten Tóths Doppelfunktion offenbar nicht gestört. Alarmiert von den Erkenntnissen der deutschen Ermittler hat sich inzwischen die Budapester Generalstaatsanwaltschaft eingeschaltet. Sie hat ein Korruptionsverfahren gegen Mitarbeiter des ungarischen Arbeitsministeriums eingeleitet. Erstes Ergebnis: Eine Sachbearbeiterin hat inzwischen gestanden, für die beschleunigte Ausstellung der Exportlizenzen Schmiergeld kassiert zu haben. Von welchen Firmen ist bislang unklar. Zwischen 80 und 120 Euro habe sie pro Vorgang kassiert, insgesamt geschätzte 5000 Euro.

Gute Beziehungen zu deutschen Behörden

Doch auch zu deutschen Behörden hatte Tóth offenbar einen guten Draht. Über die Leichtigkeit, mit der Tóth an behördliche Genehmigungen und Visa kam, war selbst einer seiner engen Mitarbeiter erstaunt: »Normal dauerte es immer so ca. fünf Tage, bis die Visa an der deutschen Botschaft in Ungarn erteilt wurden. Bei unseren Leuten ging das aber immer schneller. Bei den Verträgen war das ähnlich. Es war für mich persönlich seltsam, dass unsere Sachen so schnell genehmigt wurden. Am 21. 12. 01 wurde z. B. der Zustimmungsbescheid beim Landesarbeitsamt Frankfurt am Main ausgestellt. Noch am selben Tag wurde die Namensliste in Frankfurt beim Arbeitsamt erstellt. Zwischen Weihnachten und Neujahr gab es zwei Arbeitstage und wir haben bei der

Botschaft meines Wissens in diesen zwei Tagen unsere Visa bekommen, anstatt der normalen Frist von fünf Tagen«, gibt er bei der Vernehmung zu Protokoll. Die Beamten der Finanzkontrolle Schwarzarbeit gehen den Hinweisen nach. Haben etwa auch deutsche Behörden die Hand aufgehalten? Die Telefonüberwachung während der Ermittlungen scheint den Beamten zunächst Recht zu geben: Sie werden Zeuge eines Gesprächs zwischen einem Mitarbeiter von Tóth und einem Beamten des Frankfurter Arbeitsamtes. Beide scheinen sich gut zu kennen. Kein Wunder, der Anrufer war bei Tóth für die Arbeitsgenehmigungen der Arbeiter zuständig. »Die Sachen mit dem Arbeitsamt und dem Landesarbeitsamt hat immer derselbe Mitarbeiter erledigt«, erzählt ein Zeuge. »Aufgrund der langjährigen Zusammenarbeit war der X. dort kein Fremder und jeder kannte ihn. Zu Weihnachten hat der X. dann schon mal eine Schokolade ins Amt mitgenommen.« In dem abgehörten Telefonat gratuliert X. dem Beamten zum Geburtstag, wünscht ihm alles Gute und Gesundheit. Dann kündigt er an, dass er bald wieder nach Ungarn fahren und dem Beamten »etwas Schönes« mitbringen würde. In einer späteren Vernehmung wollen die Ermittler wissen, um welche Art Geschenke es sich gehandelt habe. X. erzählt daraufhin, er habe gelegentlich eine Flasche Tokajer mitgebracht und Firmenkalender. Einmal habe er für 100 Euro Geschenke gekauft und im Amt verteilt. Mehr als dieses Eingeständnis und das Telefonprotokoll, das eine herzliche Nähe zwischen Tóths Mitarbeiter und den Beamten des Arbeitsamtes belegt, haben die Ermittler nicht in der Hand. In Frankfurt am Main nimmt sich schließlich Wolfgang Schaupensteiner der Sache an. Er ist ein bundesweit bekannter Korruptionsstaatsanwalt. Aber am Ende findet auch er keine Hinweise darauf, dass mehr als Schokolade und Tokajer den Besitzer wechselte. Etwas verwundert sind die Vermittler allerdings, dass auch drei Wochen nach ihrer Razzia im Schlachthof Tóths Männer weiterhin, als wäre nie etwas gewesen, jeden Morgen zur Arbeit antreten. Und noch erstaunlicher für die Ermittler: Sie haben alle nach wie vor gültige Arbeitserlaubnisse. Trotz der Ermittlungsergebnisse sah das Arbeitsamt offenbar keinen Anlass, die erschlichenen Arbeitsgenehmigungen zurückzuziehen. Eine Erfahrung, die die Ermittler nicht zum ersten Mal machen. Die Bundesagentur für Arbeit argumentiere regelmäßig in solchen Fällen, dass sie schließlich nicht darüber zu befinden habe, ob die entsendende Firma in Ungarn eine Geschäftstätigkeit hat. Man müsse sich auf die ungarischen Papiere verlassen. Ein Umstand, den Attenberger und Tóth geradezu dreist ausnutzten. Als die Münchener Polizei und die Finanzkontrolleure am 20. 6. 2005 dem Münchener Schlachthof erneut einen Besuch abstatten, staunen sie nicht schlecht. Die Nachkontrolle ergibt, dass die Ungarn immer noch für Attenberger arbeiteten. Selbst an den Arbeitsabläufen hatte sich nichts geändert. Doch diesmal wurde es der Münchener Polizei zu bunt. Sie beendete den Spuk, indem sie den Ungarn einfach einen Platzverweis erteilten. Sie hatten den Schlachthof sofort zu verlassen.

Boldizsár Tóth selbst vertritt eine sehr eigenwillige Interpretation der Vorgänge. Vom Autor mit den Vorwürfen der Staatsanwaltschaft konfrontiert, schreibt er am 20. 7. 2006 in einem Fax: »Aus Ihren Fragen haben wir entnommen, dass das was sich bisher abgespielt hat, mit den Wahnvorstellungen der Zollbehörde übereinstimmt.« Demnach entbehrt das gesamte Ermittlungsverfahren gegen ihn aus seiner Sicht jeder Grundlage. Anbei schickt er ein Gesprächsprotokoll, das diese »Wahnvorstellung« des Zolls belegen soll. Er habe bereits 2004 die Staatsanwaltschaft Landshut darüber informiert, »dass sie das Pferd umgekehrt gesattelt haben«. Anlass für das Gespräch zwischen ihm, der Staatsanwaltschaft und dem Zoll waren die Ermittlungen der SOKO Pannonia, die ebenfalls wegen illegaler Beschäftigung von Ungarn ermittelte (unter anderem gegen den Inhaber von Berger-Wild, der inzwischen verurteilt wurde (Seite 160 f. und 187 f.). Als Funktionär des Verbandes internationaler Unternehmer vertrat Tóth in diesem Gespräch seine Rechtsauffassung:

Demnach wären die von deutschen Behörden aufgestellten Regeln zum Werkvertragsabkommen »rechtswidrig« und würden von der ungarischen Seite nicht länger akzeptiert. Seiner Auffassung nach dürften auch Firmen in Deutschland arbeiten, die nach »anfänglicher Erfüllung der Kriterien nur noch im Ausland tätig sind«. Eine Einschätzung, die weder die Staatsanwältin noch der Leiter des Hauptzollamts Landshut in diesem Gespräch teilten.

K3 – oder wie aus Abfall Lebensmittel werden

22. 6. 2005, Rostock. Alljährlich prämiert die Deutsche Landwirtschafts-Gesellschaft (DLG) Fleischhersteller, die aus ihrer Sicht zur »Qualitätselite der deutschen Ernährungswirtschaft« gehören. Mit dem begehrten »Preis der Besten« werden Betriebe ausgezeichnet, die über 15 Jahre ununterbrochen »ihren überdurchschnittlichen Qualitätsstandard unter Beweis gestellt haben«. Die ausgezeichneten Firmen dürfen dann ihre Produkte mit einem DLG-Abzeichen schmücken und damit werben. Zu den Firmen, die regelmäßig DLG-Auszeichnungen bekommen, gehört auch die Rostocker Fleischwaren GmbH, ein Wurstfabrikant aus dem hohen Norden. 2005 wurde die Firma mit Gold ausgezeichnet.

Ein Blick in die Kühlhäuser der Rostocker Fleischwaren GmbH hätte die DLG-Jury womöglich eines Besseren belehrt. Was am 22. 6. 2005 dort lagert, lässt Zweifel am »überdurchschnittlichen Qualitätsstandard« des Fabrikanten aufkommen. Appetitlich ist ohnehin nicht alles, was dort zu finden ist: Dort liegen über eine Tonne Separatorenfleisch, 21 Tonnen Schweineohrmuscheln, über zwölf Tonnen Schweinerüssel. Das geht aus einer Lagerbestandsliste vom 22. 6. 2005 hervor, die dem Autor vorliegt. Unter der Chargennummer »11505« findet sich darüber hinaus ein besonders heikler Posten: 975 Kilo Stichfleisch. Der Wert der Ladung wird in der Bestandsliste mit »0,0000 Euro« ausgewiesen. Kein Wunder: Laut Lebensmittelgesetz handelt es sich hierbei um so genanntes »Kategorie 3-Material«. Stichfleisch entsteht um die Einstichstelle beim Schlachten. Aus dieser Stelle blutet das Schwein aus. Häufig sind die umliegenden Partien voller Blutergüsse. Außerdem ist die Gefahr hoch, dass das Fleisch durch den Einstich mit Keimen verseucht wird. Deshalb wird Stichfleisch in die »Kategorie 3« eingeordnet: Schlachtabfall, zum menschlichen Verzehr nicht geeignet. Material der Kategorie 3 muss normalerweise in einer Tierkörperbeseitigungsanlage entsorgt werden und darf bestenfalls zu Tierfutter verarbeitet werden. Die Rostocker Fleischwaren GmbH schlachtet nicht selbst, die Firma verarbeitet nur. Das Stichfleisch kann also hier nicht als Schlachtabfall angefallen sein. Was der prämierte Wursthersteller aus Rostock mit dem Stichfleisch vorhatte, lässt sich nicht mehr zurückverfolgen. Im Oktober 2005 meldete der Betrieb Insolvenz an. Der damalige Besitzer ist nicht mehr aufzufinden. Es ist der Österreicher P., der inzwischen in Monaco lebt und telefonisch nicht zu erreichen ist. Woher kam der Schlachtabfall? Sicher ist bislang nur: Die Rostocker Fleischwaren GmbH hatte sehr enge Verbindungen zu dem Mann, dessen Name für einen der größten deutschen Fleischskandale steht: Rolf Keck, Inhaber der Deggendorfer Frost GmbH.

Rolf Keck sitzt seit Oktober 2005 in Untersuchungshaft. Die Staatsanwaltschaft Memmingen wirft ihm vor, mindestens 1000 Tonnen Schlachtabfälle umdeklariert und an lebensmittelverarbeitende Betriebe weiterverkauft zu haben.

Verdacht erregt hatte Keck an der schweizerisch-deutschen Grenze. Zöllnern war aufgefallen, dass immer wieder LKW mit so genannten Geflügelkarkassen und Schweineschwarten die Grenze passierten. Als die Zollfahndung Lindau erfuhr, wer der Importeur der Schlachtabfälle war, klingelten bei den Zöllnern alle Alarmglocken: Rolf Keck, Geschäftsführer der Deggendorfer Frost GmbH, war den Behörden einschlägig bekannt. Im Oktober 2003 wurde er wegen Betrügereien mit Fleisch zu zwei Jahren auf Bewährung und 36 000 Euro Geldstrafe verurteilt. Einer seiner Verteidiger von damals war bis Anfang 2005 Geschäftsführer der Rostocker Fleischwaren GmbH: Christian Scharbatke. Der ehemalige Anwalt und Fleischgroßhändler sitzt inzwischen selbst im Gefängnis und gilt als eine der schillerndsten Figuren in der deutschen Fleischbranche. Die Bielefelder Staatsanwaltschaft wirft ihm Betrug, Steuerhinterziehung und Untreue vor. Insgesamt soll Scharbatke einen Schaden von vier Millionen Euro angerichtet haben. So soll er tonnenweise Fleisch nach Russland geliefert und allein dabei den Fiskus um rund 600000 Euro Einkommenssteuer betrogen haben. Als Scharbatke im September 2005 verhaftet wurde, hielt er sich gerade bei Rolf Keck auf. Und: Rolf Keck gehörte auch zu den Lieferanten der Rostocker Fleischwaren GmbH. Seine Firma, die Deggendorfer Frost GmbH, hat nur eine Zulassung als Tierkörperbeseitigungsanlage und darf nur Material verarbeiten, das nicht zum menschlichen Verzehr geeignet ist. Doch das hinderte Rolf Keck nicht daran, auch mit Lebensmittelbetrieben Geschäfte zu machen. Und offenbar hat er einen Weg gefunden, wie man selbst mit Schlachtabfällen richtig Geld macht.

Seit der BSE-Krise haben Schlachthöfe ein gewaltiges Entsorgungsproblem. Laut einer EU-Verordnung aus dem Jahr 2002, dürfen Schlachtabfälle nicht mehr zu Tiermehl verarbeitet werden. Seitdem gilt auch die Einteilung von Schlachtabfällen in drei Kategorien: Am strengsten sind die Vorschriften für so genanntes BSE-Risikomaterial, zum Beispiel Rückenmark, Augen und Gehirne von Rindern, Schafen und Ziegen. Diese Abfälle der Kategorie 1 müssen thermisch entsorgt, also in einer zugelassenen Tierkörperbeseitigungsanstalt verbrannt werden. Aus Material der Kategorie 2 darf zum Beispiel Düngemittel hergestellt werden: In diese Kategorie fällt unter anderem der Magen- und Darminhalt von Schlachttieren, aber auch Teile natürlich verendeter Tiere oder von Tieren, die zur Bekämpfung von Seuchen vorsorglich getötet wurden. Fast die Hälfte aller Schlachtabfälle zählen zur Kategorie 3. Darunter fällt zum Beispiel Stichfleisch,

Schwarten oder das, was von Hühnern übrig bleibt, nachdem sie maschinell geschlachtet und zerlegt worden sind. Fleisch aus Kategorie 3 darf zum Beispiel zu Katzenfutter verarbeitet werden. In die menschliche Nahrungskette darf es nicht gelangen.

Seit die EU-Verordnung in Kraft ist, hat sich offenbar ein ganz neues Geschäftsfeld aufgetan: Ein europaweiter Handel mit Schlachtabfällen. So kaufte die Deggendorfer Frost GmbH ihr K3-Material in Deutschland, Österreich und der Schweiz. Solcher Schlachtmüll landete nach den bisherigen Ermittlungen nicht in der Tierkörperbeseitigungsanlage, sondern auch in den Mägen der Verbraucher. So wurden aus Schweineschwarten und Hühnergerippen Grundstoffe für die Nahrungsmittelindustrie. Die dafür erforderlichen Genusstauglichkeitsbescheinigungen können auf legalem Weg nicht zustande gekommen sein. Zu den Kunden der Deggendorfer Frost gehörten unter anderem Gelatinehersteller und Suppenproduzenten. Ein österreichischer Hersteller produzierte aus dem Schlachtmüll Suppe, die unter der Verkaufsbezeichnung »Hühnerklein« und »Hühnersuppentopf« in den Gefriertruhen deutscher Supermärkte landete. Die Umdeklarierung war offenbar ein lohnendes Geschäft. Nach Rechnungen, die das Magazin »stern« abdruckte, kaufte Keck genussuntaugliche Schweineschwarten für 15 Cent pro Kilo. Hersteller, zum Beispiel von Lebensmittelgelatine, zahlten dann dafür zwischen 35 und 40 Cent.

Am 17. 2. 2006 hat die Staatsanwaltschaft Memmingen Anklage gegen Rolf Keck erhoben. 35 Mal soll Rolf Keck genussuntaugliche Schweineschwarten an Lebensmittelhersteller in Deutschland, Italien und Frankreich geliefert haben. In 34 weiteren Fällen sollen genussuntaugliche Geflügelkarkassen an drei deutsche Lebensmittelhersteller geliefert worden sein. Bei den Lieferungen an die deutschen Hersteller geht die Staatsanwaltschaft zudem von gewerbsmäßigem Betrug aus, da die Abnehmer darüber getäuscht worden seien, dass sie Schlachtabfälle kauften. Bei den ausländischen Abnehmern stehen die Ermittlungsergebnisse noch aus. Keck bestreitet indes, überhaupt gewusst zu haben, dass der Handel illegal gewesen sei.

Die Machenschaften der Deggendorfer Frost GmbH haben Politik und Öffentlichkeit aufgeschreckt: 14 Millionen Tonnen Schlachtabfälle, schätzt das bayerische Verbraucherschutzministerium, werden Jahr für Jahr kreuz und quer durch Europa transportiert. Wo sie landen, hat vorher offenbar kaum jemanden interessiert, geschweige denn, dass es systematisch kontrolliert worden ist. Dabei ist die Versuchung, gerade mit Fleischabfällen der Kategorie 3 zu betrügen, extrem hoch. Stichfleisch etwa lässt sich in Endprodukten wie Brühwürsten so gut wie nicht nachweisen. In großen Schlachthöfen fallen täglich mehrere Tonnen Stichfleisch an und inzwischen, so scheint es, haben eine ganze Reihe von Firmen erkannt, dass sich mit Stichfleisch Geld machen lässt: Statt teure Entsorgungskosten für den Schlachtmüll zu bezahlen, sucht mancher Schlachthof offenbar lieber einen Produzenten, der es ihm abnimmt und gewinnbringend verwurstet.

Bereits im Dezember 2004 stieß die Oldenburger Staatsanwaltschaft auf einen Betrieb, der offenbar mit Stichfleisch fette Gewinne machen wollte. Damals fanden Ermittler bei der »Innereinverwertung – Fettschmelze GmbH Rudi Stoll« in Bakum vier Tonnen Stichfleisch, obwohl der Betrieb überhaupt keine Genehmigung hatte, K3-Material zu verarbeiten. Sollte das Fleisch an Lebensmittelbetriebe weiterverkauft werden? Dafür spricht, dass Ermittler in der Firma auch rund 1000 EG-Label fanden – eine Art TÜV-Plakette, die die Genusstauglichkeit für den menschlichen Verzehr und die Zulassung für den internationalen Handel bescheinigt. Wie die Firma Stoll an die Label kam, ist bis heute nicht restlos aufgeklärt: Eine Schlachterei, aus deren Betrieb sie stammten, konnte der Staatsanwaltschaft glaubhaft machen, die Label seien ihr gestohlen worden. Die Stoll Fettschmelze GmbH ist ein kleiner Fisch, der der Staatsanwaltschaft ins Netz ging. Der Betrieb hatte nur 19 Mitarbeiter.

Seit Sommer 2006 verdichten sich die Hinweise, dass mit Stichfleisch auch in größerem Stil gehandelt wird. So hat der Gelsenkirchener Fleischhändler Uwe D., der im Herbst 2005 Schlagzeilen machte, vermutlich nicht nur vergammeltes Fleisch verschoben. Zur Produktpalette des Händlers soll auch Stichfleisch gehört haben. Am 22. Juni 2006 bestätigt die Essener Staatsanwaltschaft, dass sie gegen Verantwortliche von neun Fleischfirmen im In- und Ausland ermittelt. Im Visier der Ermittler sind vier Firmen in den Niederlanden und Tschechien sowie fünf Betriebe in Deutschland. Die Staatsanwaltschaft wirft den Firmen vor, beim Gelsenkirchener Fleischhandel Domenz Stichfleisch gekauft und es in den Handel gebracht zu haben. Größter der unter Verdacht stehenden Fleischabnehmer soll mit 52 Tonnen eine Firma in Vechta sein.

Ein »Schweinegeld« für Wasser und Blut – gängige Tricks der Branche

»Bei der Herstellung von Wurst können Sie vorgehen wie ein Komponist, da gibt's unbegrenzte Möglichkeiten«, erzählt der Fleischermeister. Er hat einen Namen in der Branche, hat für viele der großen Unternehmen gearbeitet und möchte deshalb unerkannt bleiben. Er kennt so gut wie jeden Trick, wie man aus Fleisch noch mehr Geld rausholt. Vor allem bei Wurst seien der Phantasie keine Grenzen gesetzt. Die Mischung mache es. Ob Schlundfleisch, Stichfleisch, also Fleisch, das mit Blutergüssen von der Einstichstelle verseucht ist, es käme nur auf die Mischung an, damit nichts auffällt. Über die Eingangskontrollen der Kunden kann der Mann nur müde lächeln: »Die können einzelne Parameter genau messen, etwa wie hoch der Magerfettanteil ist oder der Wassergehalt, aber wie diese Werte zustande kommen, davon kriegen die ja nichts mit.« Beliebt sei es etwa in der Fleischbranche, Eiweiße aus Blut zu gewinnen. Blut fällt bei der Schlachtung ohnehin in großen Mengen an. Etliche Schlachtbetriebe gewännen daraus »Scherbenplasma«. Gefrorenes Eiweiß, das bei der so genannten Standardisierung zum Einsatz kommt, also wenn die Fleischanteile für die Wurst gemischt werden. Dieses Blutplasma ist ein hochwertiges Eiweiß, fast identisch mit Eiweiß aus Fleisch. Im Endprodukt sei es so gut wie gar nicht nachzuweisen. Es sei auch völlig unschädlich für den Verbraucher, aber es ist eben kein Fleisch. Ein Verbraucher, der Fleisch kauft, erwartet natürlich nicht, dass er ein künstlich aus Blut gewonnenes Eiweiß bekommt. Insofern sei das ein »gigantischer Betrug«, meint der Fleischermeister, denn ein Kilo Scherbenplasma kostet etwa 50 Cent und ist damit bestenfalls halb so teuer wie Fleisch. Es gebe Hersteller, die sechs Prozent des Fleischgewichts mit Scherbenplasma erzielen. »Es macht die Menge, ein großer Produzent kann so etliche Millionen im Jahr einsparen«, erzählt der Mann.

Es gibt viele Methoden, den Gewinn aus dem Rohstoff Fleisch zu erhöhen, von denen die meisten Verbraucher nichts wissen. So fände sich häufig die Abkürzung »MEF« auf Fleischverpackungen. Diese Abkürzung steht für »maschinell entbeintes Fleisch«. Dahinter verbirgt sich nichts anderes als »Separatorenfleisch«. Verkleinerte Knochenreste werden bei diesem Verfahren in einen Zylinder gepackt und durch ein Sieb gepresst. So wird den Knochen im vollen Wortsinn der letzte Rest Fleisch abgepresst. Die Methode ist während der BSE-Krise ins Gerede gekommen, weil sie im Verdacht steht, dass auch Risikomaterial ins Endprodukt gelangen könnte. Deshalb scheuen sich Hersteller inzwischen, »Separatorenfleisch« auf die Packungen zu schreiben und haben deshalb die harmloser klingende Bezeichnung »MEF« erfunden. »Im Grunde ist gegen Separatorenfleisch nichts zu sagen, schließlich gibt es bei Schweinen kein BSE-Risiko«, meint der Fleischermeister, »aber oft wird mit Separatorenfleisch betrogen.« Es hänge von der Gier des Produzenten ab, wie unbedenklich »MEF« tatsächlich sei. Je nachdem wie er seine Maschine einstelle, könne er seine Fleischausbeute selbst bestimmen. Doch je mehr Fleisch dem Knochen abgepresst würde, desto höher sei auch der Anteil an Knochen, der mit abgeschabt wird. 1000 Milligramm pro Kilo Knochenanteil gilt in der Branche als tolerabel. Doch es gebe Hersteller, bei denen das Vierfache davon in der Wurst lande. Selbst wenn es richtig deklariert würde, so der Meister, wäre das für den Verbraucher kaum zu erkennen: »Die schreiben dann halt auf die Packung Calcium, dann klingt das noch richtig gesund, dabei handelt es sich letztlich um schlichtes Knochenmehl.« Es gäbe aber auch etliche Betriebe, die Separatorenfleisch überhaupt nicht deklarieren. Schließlich sei es in der Wurst hinterher so gut wie nicht nachzuweisen. Dasselbe gilt für so genanntes Stichfleisch. Dabei handelt es sich, wie schon gesagt, um das Fleisch, das rund um die Einstichstelle beim Entbluten von Rindern oder Schweinen entsteht. Dieses oft mit Blutergüssen verunreinigte Fleisch gilt als Schlachtabfall der Kategorie 3. Das bedeutet, es ist nicht für den menschlichen Verzehr geeignet. Solches Stichfleisch kann bestenfalls in einer Tierkörperbeseitigungsanlage zu Hunde- oder Katzenfutter verarbeitet werden. »Normalerweise fallen bei einem Schwein etwa 500 Gramm Stichfleisch an, die entsorgt werden müssten«, meint der Fleischer. Da die Schlachtbetriebe für die Entsorgung Geld bezahlen müssten, sei die Versuchung groß, auch hier zu tricksen. »Manche Betriebe zweigen dann pro forma 100 Gramm Stichfleisch pro Schwein ab und entsorgen es.« Der Rest lande dann wieder in den Wurstabschnitten. Das Risiko aufzufliegen, gehe auch hier gegen null: Im Endprodukt lasse sich Stichfleisch, etwa in Brühwürsten, analytisch so gut wie nicht von anderem hochwertigen Fleisch unterscheiden.

Auch mit Enzymen werde massiv getrickst. Eine Neuentwicklung seien Enzyme aus der Ananas. Entwickelt wurden die ursprünglich, um Därme in ihrer Konsistenz zarter zu machen. »Das ist vollkommen in Ordnung, aber irgendwann hat man entdeckt, dass man das auch nehmen kann, um die Qualität von Rindfleisch zu heben. Der Verbraucher hat dann den Eindruck, er habe ein tolles Stück Rindfleisch gekauft, weil es so zart ist, aber in Wirklichkeit hat er ein reines Chemieprodukt.«

Leuchtende Augen bekämen manche Produzenten regelmäßig, wenn in ihrem Bezirk auf irgendeinem Hof die Schweinepest ausbräche. Dann nämlich fließen staatliche Gelder nicht nur für die betroffenen Bauern, sondern auch an die Fleischverarbeiter. Für manchen sei das geradezu eine Einladung zum Betrug. Denn meist wird nicht nur angeordnet, die Schweine des unmittelbar betroffenen Hofes zu keulen, sondern großräumig auch die Bestände der angrenzenden Höfe. Eine reine Vorsichtsmaßnahme. Diese Schweine werden normalerweise zu Konserven verarbeitet. In den 90er Jahren wurden die von der damaligen Bundesanstalt für Landwirtschaftliche Marktordnung aufgekauft und eingelagert. Sterilisiert bei 118–121 Grad Celsius sind sie praktisch keimfrei und können später als Dosenwurst verkauft werden. Die Produzenten, die solche so genannten Schweinepest-Schweine verarbeiten, müssen nachweisen, dass sie von einem etwa 100 Kilogramm schweren Schwein, abzüglich des Knochengewichts, 80 Kilogramm Schweinefleisch im eigenen Saft abliefern. »Da blutet dem Fleischer natürlich das Herz, wenn er teures Schweinefilet oder Koteletts und hochwertigen Schinken für eine billige Dosenwurst verarbeiten muss«, erzählt der Fleischer. Deshalb zweigten einige Hersteller die teueren Teile einfach ab und vermarkteten sie für gutes Geld. Um dennoch das geforderte Fleischgewicht abzuliefern, werde dann munter gemischt: Separatorenfleisch, Blutplasma, Schwarten landeten stattdessen in der Dose. »Ein Super-Geschäft«, meint der Fleischer. »Erstens bekommen die Verarbeiter die Schweine ja praktisch geschenkt, dann machen sie mit den teuren Teilen Kasse und am Ende kassieren sie staatliche Gelder für die Dosen, in denen dann nur noch die Reste drin sind.«

Dass in Fleischprodukten heute immer weniger Fleisch zu finden ist, bestätigt auch das Bundesamt für Verbraucherschutz und Lebensmittelsicherheit (BVL). Im Februar 2005 teilte die Behörde mit, dass ihr Hinweise vorlägen, dass mehrere große Lebensmittelhersteller seit Jahren das Gewicht von Fleisch- und Wurstwaren mit Bindemitteln aus Eiweiß und einer erheblichen Menge Wasser vergrößert haben. Bei den Wasserbindern handelt es sich um hydrolysierte Proteine – das sind Eiweiße, die mit Säuren unter Druck und bei hohen Temperaturen gespalten werden, etwa vom Schwein, Rind oder Geflügel – oder auch um Milch- oder Pflanzeneiweiße. Sie haben die Eigenschaft, Wasser im Fleisch zu binden, geben also den Produzenten die Möglichkeit, ihr Produkt im wahrsten Sinne des Wortes zu verwässern. Gesundheitlich sind solche Eiweiße vollkommen unbedenklich. Dennoch ist der Einsatz nach deutschem Recht verboten.

Trotz dieses Verbotes wurden bei frischem Geflügelfleisch im Rahmen der amtlichen Überwachung wiederholt überhöhte Wassergehalte, bedingt durch den Einsatz von Wasserbindern, festgestellt. Nach Auffassung des Bundesamtes für Verbraucherschutz stellen der erhöhte Wassergehalt und die fehlende Kenntlichmachung von Wasser bindenden Stoffen eine Verbrauchertäuschung besonderen Ausmaßes dar. Die Europäische Kommission hat inzwischen die Mitgliedstaaten aufgefordert, ihre Überwachungsaktivitäten zu verstärken, zumal Untersuchungen aus Großbritannien und Irland aus den Jahren 2001 bis 2003 ergeben hätten, dass beispielsweise Hähnchenfilets teilweise zu mehr als 40 Prozent aus Wasser und Wasserbindern bestanden. Aus Sicht der Verbraucherzentrale Bremen, ein »Betrug gigantischen Ausmaßes«. Gehe man von einem Wasserpreis von 0,002 € pro Liter Wasser aus, ließe sich der ergaunerte Gewinn, sofern solche Machenschaften im großen Stil durchgeführt werden, kaum erahnen.

Der konkrete Nachweis der Betrügereien war bislang schwierig. Die als Wasserbinder zugeführten Eiweiße sind so stark zersetzt, dass kaum zu unterscheiden war, ob sie künstlich zugeführt wurden oder tatsächlich zum Schinken gehören. Dies gilt vor allem dann, wenn zum Verwässern Eiweiß der entsprechenden Tierart verwendet wurde, also beispielsweise Eiweiß von Hähnchen für Hähnchenfilets. Eine weitere Schwierigkeit war, dass hydrolysierte Eiweiße in Gewürzmitteln verwendet werden dürfen. Das machte es bislang den Fleischfabrikanten leicht: Sie brauchten auf den Verpackungen nur anzugeben, dass sie die Eiweiße in Würzmitteln verwendet haben. Dass sie gleichzeitig im selben Produkt dazu benutzt wurden, auch das Fleischgewicht mittels Wasser zu erhöhen, war in den Labors kaum nachzuweisen.

Erst seit kurzem gibt es Methoden, verbotene Wasserbinder zweifelsfrei nachzuweisen. Die staatlichen Untersuchungsämter überprüfen seitdem regelmäßig Fleisch auch auf diese Stoffe. Der Verbraucher erfährt allerdings in aller Regel nichts über die Ergebnisse der Untersuchungen. Bislang dürfen diese Ergebnisse nur mit Zustimmung des Herstellers öffentlich gemacht werden. Auch die Namen der »großen Hersteller«, deren Machenschaften das Bundesamt für Verbraucherschutz aufgeschreckt haben, sind nach wie vor geheim. So bleibt es für den Verbraucher ein Glücksspiel, ob er Fleisch oder Wasser kauft. »Im Endeffekt«, meint der Fleischermeister, »ist das Billigfleisch bei manchen Discountern immer noch viel zu teuer. Wenn sie sehen, was sie für ihr Geld bekommen: künstliche Enzyme, Bluteiweiße und Wasser. Mit Fleisch hat das ja kaum noch was zu tun.«

Vergammeltes Wild –
verschnarchte Behörden

21. 4. 2004, Passau. Es ist ein Großeinsatz: 1100 Beamte sind gleichzeitig im Einsatz, sie durchsuchen rund 180 Wohnungen und Geschäftsräume in Deutschland, weitere hundert werden in Ungarn durchsucht. Die Ermittler sind auf der Suche nach illegal beschäftigten Ungarn, die bandenmäßig nach Deutschland geschleust worden sein sollen. Wochenlang hatten die Ermittler die Telefone der Verdächtigen abgehört. Dabei sind sie auch auf die Passauer Firma Berger-Wild GmbH gestoßen. Die Durchsuchung bei Berger sollte den Ermittlern Recht geben: Tatsächlich beschäftigt Berger-Wild illegal ungarische Arbeiter. Doch die Zollfahnder finden in den beschlagnahmten Unterlagen noch mehr: Hinweise darauf, dass bei Berger-Wild auch regelmäßig gegen das Lebensmittelrecht verstoßen wird. Doch bis die Verbraucher davon erfahren, wird es lange dauern – sehr lange. Die Zöllner beschlagnahmen Bergers Computer und überprüfen seinen E-Mail-Verkehr. Dabei stoßen sie auf Merkwürdigkeiten: In einer innerbetrieblichen Mail heißt es: Es gehe nicht an, dass tiefgefrorene Ware in Wasser aufgetaut und als Frischfleisch verkauft werde. Außerdem finden die Ermittler eine Anweisung, Haltbarkeitsdaten zu ändern: Bei tiefgekühltem Hasenrücken sollte das Datum einfach neun Monate nach hinten verschoben werden, bei Wildschweinkeule waren es sieben Monate.

Eine weitere Mail beschäftigt sich mit der Frage, ob nicht am Wochenende eine größere Zahl Federwild verarbeitet werden und damit die amtliche Kontrolle umgangen werden könne. Berger-Wild hatte keine Zulassung, um Federwild zu verarbeiten. In den beschlagnahmten Unterlagen findet sich auch die Mängelrüge eines Kunden: Statt wie bestellt Gamsedelgulasch, hatte Berger ihm offensichtlich Mufflon- oder Wildschaffleisch angedreht. Spätestens seit August 2004 haben die Behörden in Bayern eine ungefähre Vorstellung davon, was sich in den Produktionsanlagen von Berger-Wild abgespielt haben muss: 12 Seiten E-Mails schickt das Hauptzollamt Landshut an die Regierung von Niederbayern mit der Bitte, sie zu überprüfen. Es geht um betrügerische Deklaration von Waren und unzulässige Herstellungsmethoden. Die Staatsanwaltschaft leitet jetzt ein Ermittlungsverfahren gegen Berger-Wild wegen Verstößen gegen das Lebensmittelrecht ein. Am 24. August 2004 schickt die Staatsanwaltschaft ihre Unterlagen an das Landratsamt Passau mit der Bitte um eine Stellungnahme. »Es wird ausdrücklich darauf hingewiesen, dass die Einleitung des Ermittlungsverfahrens dem Beschuldigten noch nicht bekannt gegeben worden ist.« Um die Ermittlungen nicht zu gefährden, habe »ein Herantreten an ihn vorerst zu unterbleiben«, heißt es im Anschreiben. Derweil verschlechtern sich die hygienischen Verhältnisse bei Berger-Wild offenbar zusehends. In der Betriebsstätte Fischhaus/Ruderting stoßen die Veterinäre am 13. Oktober 2004 noch auf geringe Mängel. Wenige Wochen später aber müssen sie feststellen, dass in einer weiteren Betriebsstätte die »Produktionshygiene bei Hasen und Fasanen auf ein nicht zu rechtfertigendes Niveau gesunken« ist. Die Staatsregierung fordert Karl Heinz Berger daraufhin auf, die Mängel sofort abzustellen, ansonsten würde das Amt Bergers Zulassung ruhen lassen. Weder die Öffentlichkeit noch Karl Heinz Berger selbst wissen zu diesem Zeitpunkt von den brisanten Erkenntnissen des Hauptzollamtes. Noch am 4. Februar 2005 bitten die Zöllner die Veterinäre dichtzuhalten, um die Ermittlungen nicht zu gefährden. Inzwischen gibt es eine dicke Ermittlungsakte gegen Berger-Wild. Doch offenbar herrscht Ratlosigkeit, wie es nun weitergehen soll. Das Hauptproblem: Bislang können die Ermittler lediglich so genannte Textbodys der beschlagnahmten E-Mails rekonstruieren. Das heißt, sie wissen, was geschrieben wurde, aber wann und von wem können sie nicht feststellen. Am 1. März 2005 setzen sich alle beteiligten Stellen zusammen: Kriminalpolizei, Veterinäramt Passau, Staatsanwaltschaft und Hauptzollamt. Alle sind sich einig: Eine Durchsuchung bei Berger hat keinen Sinn, zumindest solange nicht, bis man die E-Mails eindeutig zuordnen kann. Erst einmal müsse man genaue Daten haben, um überhaupt zu wissen, wo man wonach suchen soll. Doch die technischen Probleme sind hartnäckiger als erwartet. Monate verbringen die Beamten damit, die über 22 500 E-Mails umzukopieren und umzuformatieren. Aber es fehlt an der richtigen Software. Erst im Mai 2005 bekommen die Ermittler die notwendigen Programme, doch jetzt vergehen erneut vier Wochen, weil die Dateien erst einmal auf Viren geprüft werden. Bis die Kriminalpolizei endlich mit der Auswertung der E-Mails beginnen kann, ist es bereits Herbst 2005. Im Dezember sind die Beamten immer noch damit beschäftigt. Am 20. Dezember 2005 schließlich, sind die Kriminalbeamten endlich so weit, dass sie dem Veterinäramt eine Zusammenfassung der E-Mails auf 114 Seiten liefern können. Doch bis die Behörden endlich zuschlagen, vergehen wieder Wochen. Bis zum 9. Januar 2006 braucht wiederum das Veterinäramt, um die Unterlagen zu prüfen. Dann kommt es schließlich zu der Einschätzung, die Vorgänge bei Berger-Wild seien »gravierend«. Am 18. Januar 2006 endlich werden die Berger-Betriebsstätten gezielt kontrolliert. Die Veterinäre stoßen auf derart Ekel erregende hygienische Zustände, dass sie sich endlich dazu durchringen, Bergers Zulassungen erst einmal ruhen zu lassen. In der Betriebsstätte »Hinterhainberg 21« sind Böden, Türen und Türgriffe mit Blut und Fett verschmiert, ausgeweidete Fasane liegen in einem schmutzigen Becken. Wände und Decken sind verschimmelt.

In den anderen Betriebsstätten sieht es kaum besser aus: Obwohl der Betriebsteil »Hinterhainberg 20« angeblich schon gereinigt worden ist, starren die Einrichtungsgegenstände und Werkzeuge vor Schmutz. Die Decke ist großflächig verschimmelt, Kondenswasser läuft von den Decken herunter. Die Abflussrinne ist fast schon verstopft von bereits angetrocknetem Schmutz. Die Kontrolleure stellen auch fest, dass aufgetaute Hasenteile aus Argentinien wieder eingefroren worden sind und das Haltbarkeitsdatum einfach verlängert worden ist. In der Betriebsstätte »Fischhaus« finden die Kontrolleure 15 Tierkörper mit »erheblichen Qualitätsmängeln«. Im Kühlhaus schlägt den Kontrolleuren ein muffiger Gestank entgegen. Hier ist gerade Wildfleisch in Tüten aufgetaut worden. Den Boden des Kühlhauses beschreiben die Veterinäre als »blutig, schmierig und fettig.« Zudem finden sie im Anlieferungskühlhaus ungerupfte Fasane, obwohl der Betrieb überhaupt keine Genehmigung für die Verarbeitung von Federwild hat. Die Proben, die die Veterinäre nehmen, ergeben ein ähnlich katastrophales Bild: Sechs von neun Proben werden am nächsten Tag als »nicht für den menschlichen Verzehr geeignet« eingestuft.

Doch noch immer sehen die Behörden keinen Anlass, die Öffentlichkeit vor Bergers Gammel-Wild zu warnen. Eine Information sei nicht zulässig, meint das bayerische Verbraucherschutzministerium, da die getestete Ware ja noch nicht in Verkehr gekommen ist. Erst am 20. Januar 2006 gehen die Behörden ernsthaft der Frage nach, wohin Berger eigentlich geliefert hat. Das bayerische Verbraucherschutzministerium fordert Lieferlisten an und lässt zum ersten Mal Proben nehmen. Anderthalb Jahre waren vergangen seit den ersten Hinweisen, die die Zollfahnder bei der Großrazzia fanden, bis die bayerische Landesregierung die Öffentlichkeit informierte und anfing, Berger-Produkte aus dem Verkehr zu ziehen. Wie viel von dem möglicherweise vergammelten oder umetikettierten Wildfleisch aus dem Hause Berger in der Zwischenzeit in den Mägen der Verbraucher gelandet ist, lässt sich nur erahnen. Gelohnt hätte sich eine gezielte Überprüfung allemal: Als im Januar 2006 endlich Bergers Produkte gezielt im Handel und in der Gastronomie untersucht wurden, war das Ergebnis verheerend: 35 von 98 Proben wurden als nicht zum Verzehr geeignet beanstandet.

In Bayern ist der Berger-Wild-Skandal längst zum Politikum geworden. SPD und Bündnis90/Die Grünen haben im Juni 2006 die Einsetzung eines Untersuchungsausschusses im bayerischen Landtag durchgesetzt. Sie wollen wissen, was bei den Behörden schiefgelaufen ist. Vor allem eine Frage interessiert die Opposition brennend: »Trotz täglicher Kontrolle vor Ort und mehrerer so genannter Razzien war es die Kripo, die das Ganze ins Rollen brachte, und zwar viel zu spät. Dann wurden plötzlich Ekel erregende hygienische Zustände bei der Firma Berger festgestellt. Hier gibt es auch eine Parallele zu Deggendorf. Dort wussten auch die Wasserschutzpolizei, die Staatsanwaltschaft und die Nachbarn von unhaltbaren Zuständen. Nur der zuständige Veterinär fand, dass mit kleinen Abstrichen eigentlich alles in Ordnung war«, meint Adi Sprinkhart (Bündnis 90/Die Grünen) in einer Rede vor dem bayerischen Landtag. Einmal mehr geraten die Veterinärämter unter Druck. Haben sie weggesehen? Dieser Frage ist im Falle Berger die bayerische Landesregierung selbst nachgegangen. Sie hat eigens eine Sonderkommission »Wild« unter Federführung der Vizepräsidentin der Regierung von Niederbayern mit der Untersuchung des Falls beauftragt.

Am 22. Februar legt die »SOKO Wild« ihren 28-seitigen Abschlussbericht vor. Demnach war Berger den Behörden auch schon lange vor der Zollrazzia bestens bekannt. Der Bericht der SOKO erzählt die Geschichte eines über Jahre dauernden Katz-und-Maus-Spiels zwischen Berger und dem Passauer Veterinäramt.

Berger-Wild ist ein klassisches Familienunternehmen. Seine Gründung reicht bis in die fünfziger Jahre zurück. Karl Heinz Berger stieg 1979 in das Unternehmen seines Vaters ein, das geradezu stürmisch wuchs: Zwischen 1975 und

2000 verhundertfachte sich der Umsatz des Wildhändlers und -verarbeiters. Berger-Wild stieg zum größten deutschen Wildhändler auf und verlegte seinen Schwerpunkt ins Ausland: Während das Unternehmen in Bayern gerade mal 80 Mitarbeiter beschäftigt, sind es rund 500 im Ausland. In der Fachzeitschrift »Wild und Hund« begründet Karl Heinz Berger die Verlagerung des Geschäftes ins Ausland: »Bei all den Auflagen vom Gewerbeamt, den Veterinären, dem Arbeitsamt, den Umweltbehörden und so weiter kann ein Unternehmer in Deutschland heute kein Geld mehr verdienen.« Mit Auflagen und Behörden tat sich das Unternehmen schon immer schwer. Die SOKO gewinnt den Eindruck: »(…) dass die Unternehmensgruppe ihren Geschäftsbetrieb kontinuierlich ausweitete, dabei jedoch mit der baulichen Entwicklung ›hinterher hinkte‹. In den Unterlagen werden immer wieder bauliche Mängel beanstandet, die Auswirkungen auf die Betriebshygiene hatten.« Schon Anfang 1998 hatten die Amtsveterinäre »schwere Mängel« festgestellt und ein Ordnungswidrigkeitsverfahren gegen Berger eingeleitet. Berger verspricht, die Mängel innerhalb von drei Monaten zu beseitigen. Doch offenbar passiert wenig: Bei einer weiteren Betriebsbesichtigung im Mai 1998 müssen die Kontrolleure feststellen, dass es bei Berger-Wild immer noch an allen Ecken und Enden hapert: bei der Personalführung, der Hygieneschleusung, der Lagerung. Berger sagt zu, die Probleme anzugehen, verspricht einen Anbau, der die Mängel beseitigen soll. In den folgenden Jahren stellen die Amtsveterinäre immer wieder Verstöße fest, immer wieder werden sie vertröstet: mal ist es die Personalhygiene, mal sind es bauliche Mängel, mal sind es Defizite bei den Arbeitsabläufen. Am 8. 10. 2001 platzt dem Veterinäramt offenbar der Kragen: Im Betrieb Hinterhainberg stoßen Kontrolleure erneut auf eine ganze Reihe von teilweise gravierenden Mängeln. Das Landratsamt reagiert und erlässt einen Bescheid: Ab sofort darf weder Wildfleisch noch Federwild weiter verarbeitet werden. Berger wehrt sich, legt Widerspruch gegen die Entscheidung ein und verspricht – wieder einmal – Besserung. Am 29. 4. 2002 schreibt Berger an die Regierung von Niederbayern, die Mängel seien nun beseitigt. Erneut wird der Betrieb kontrolliert. Tatsächlich wurden einige Mängel abgestellt, dafür werden andere neu festgestellt. Ergebnis der Kontrolle: Berger darf unter Auflagen Zuchtwildfleisch zerlegen. Und Berger will weiter expandieren. Er stellt immer neue Zulassungsanträge, auf die immer neue Betriebsbesichtigungen folgen. Das Katz-und-Maus-Spiel geht weiter. Immer wieder stellen die Veterinäre Verstöße fest, immer wieder verspricht Berger Besserung. »Aus den Schilderungen wird deutlich, wie wenig das Unternehmen von sich aus an einer hygienischen Produktion und an der Einhaltung von Vorschriften interessiert war. Die Kontrolleure wurden immer und immer wieder vertröstet. Nach einer Verbesserung der Situation folgte regelmäßig ein Absacken. Das Landratsamt Passau bemühte sich mit regelmäßigen Kontrollen und Beanstandungen, die Situation in den Betriebsstätten in den Griff zu bekommen. Dies führte allerdings nicht zu einem dauerhaften Erfolg«, heißt es im Abschlussbericht der SOKO und: »Es entsteht der Eindruck, dass der Unternehmer seine Bemühungen um die Einhaltung von Hygienevorschriften regelmäßig dann zurückstellte, wenn dadurch der Gewinn beeinträchtigt worden wäre. Zu den obersten Grundsätzen im Unternehmen gehörte offensichtlich, dass – ohne Berücksichtigung von Qualitätsaspekten – möglichst nichts weggeworfen werden durfte. Mit einer regelrechten Zermürbungstaktik wurden die Kontrolleure immer wieder hingehalten.«

Elf Mal war Berger-Wild in der Vergangenheit den Veterinärbehörden aufgefallen, dennoch konnte sich keine Behörde dazu durchringen, Berger endgültig das Handwerk zu legen. Der Geschäftsführer des Landesverbandes Bayerischer landwirtschaftlicher Wildhalter, Josef Wasensteiner, findet es »unerklärlich, dass eine Firma wie Berger in so großem Stil schlampen kann.« Er frage sich, »wo die Kontrolleure hingeschaut haben«, wird er in der »Süddeutschen Zeitung« zitiert.

Tatsächlich finden sich im Bericht der SOKO Hinweise darauf, dass zumindest ein amtlicher Tierarzt geschlampt hat. Der Tierarzt war für die beiden Standorte Hinterhainberg verantwortlich und war regelmäßig im Betrieb, wenn dort Wildfleisch verarbeitet wurde. Wie genau er kontrolliert hat, lässt sich nicht mehr nachvollziehen. Obwohl die amtlichen Tierärzte verpflichtet sind, genau Buch zu führen, sind seine Aufzeichnungen so unzureichend, dass auch die SOKO nur darüber spekulieren kann, wie der Mann gearbeitet hat. Laut Berechnung der SOKO kann die Kontrolle jedenfalls nicht allzu streng gewesen sein: Für die Fleischbeschau eines Tieres blieben ihm demnach nur »wenige Sekunden«. Er und ein weiterer Kollege wurden bis auf weiteres von ihren Aufgaben entbunden.

Nichts sehen, nichts hören, nichts unternehmen – die dubiose Rolle der Veterinärämter

11. 11. 2005, Cloppenburg. Die Veterinäre des Landkreises sind in die Kritik geraten: Sie haben einen der bislang Ekel erregendsten Fleischskandale, die in Deutschland 2005 Schlagzeilen machen, nicht verhindert. Was war passiert? Der Geflügel verarbeitende Betrieb HKB Convenience GmbH hatte, so die Ermittlungen der Staatsanwaltschaft Oldenburg, Hähnchen- und Putenfleisch, das als tiefgekühlte Retouren geliefert wurde, einfach wieder aufgetaut. Das bereits reklamierte Fleisch wurde demnach vom Standort der Firma in Lindern mit dem Lastwagen nach Lastrup gefahren. Dort unterhält das Unternehmen ein Kühllager. Laut Ermittlern spielte sich dann Folgendes ab: Auf ausgebreiteten Folien und zum Teil einfach auf dem Betonboden wurde das gefrorene Fleisch dann ausgebreitet und aufgetaut. Um zusätzlich das Gewicht des Fleisches zu erhöhen, wurde es dann mit Wasser und Stabilisatoren aufgespritzt. Das derart präparierte Fleisch wurde dann wieder zurück in den Betrieb nach Lindern gefahren und weitervermarktet. Als »Frischfleisch« sei die Ware dann in Dönerspießen und auf Wochenmärkten gelandet. Dass das Ekelfleisch beim Aufspritzen zusätzlich mit gefährlichen Keimen und Giftstoffen belastet wurde, wollen die Behörden nicht ausschließen. Der Geschäftsführer Alfons Bünnemeyer bestreitet die Vorwürfe. Er habe sich überhaupt nichts zuschulden kommen lassen. Er behauptet, nie vorgehabt zu haben, »aufgespritztes« Geflügelfleisch in den Verkehr zu bringen. »Was wir gemacht haben, war ein

Probelauf mit Gewürzen. Dafür haben wir uns Maschinen aus Osnabrück besorgt. Was wir gespritzt haben, waren Gewürze. Ich musste das ja vorher mal ausprobieren. Jetzt wirft man mir vor, ich hätte das nicht richtig deklariert. Aber ich habe die Ware ja gar nicht verkauft. Die ganze Ware, 25 Tonnen, liegen ja noch im Kühlhaus und wenn ich's nicht verkaufe, muss ich es auch nicht deklarieren.« Ein Experiment also? Dass die Ware bereits verkauft war und zur Auslieferung bereit stand, als sie beschlagnahmt wurde, verschweigt Bünnemeyer. Ebenso, dass die Behörden in einem Hamburger Kühlhaus acht Tonnen Geflügelfleisch beschlagnahmten, die laut Staatsanwaltschaft einen eindeutig zu hohen Fremdwasseranteil hatten. Auch diese Charge war bereits an drei Kunden verkauft, was selbst Bünnemeyers Anwalt einräumt. Laut Oldenburger Staatsanwaltschaft war Bünnemeyer sogar so dreist, dass er die bereits beschlagnahmte Charge trotzdem an seine Kunden auslieferte. Bei Bünnemeyers Kunden angekommen, musste sie erneut beschlagnahmt werden. Die Oldenburger Staatsanwaltschaft hat deshalb am 11. 8. 2006 einen weiteren Strafbefehl beantragt. Zudem ermittelt die Staatsanwaltschaft im Sommer 2006, weil sie den Verdacht hat, Bünnemeyer handele weiter mit Fleisch und verwende dabei weiterhin die EU-Zulassungsnummer für seinen Betrieb. Die ist ihm bereits nach der ersten Durchsuchung seines Betriebes entzogen worden.

Aufgeflogen ist der Betrieb, weil eine Mitarbeiterin sich diese Machenschaften nicht länger mit ansehen wollte und sich an die Staatsanwaltschaft gewandt hatte. Die Veterinärbehörden des Landkreises wollen von den Machenschaften beim Geflügelverarbeiter nichts mitbekommen haben und das, obwohl der Produktionsstandort in Lindern nach Auskunft des Landkreises mindestens einmal täglich kontrolliert wurde. Laut Zeugenaussagen war der Betrieb in Lindern vor Kontrollen gewarnt worden. Wurden die Kontrollen etwa angekündigt? Oder gab es eine undichte Stelle bei der Veterinärbehörde? Noch bevor die Kontrolleure ankamen, sei das Retourfleisch in einen LKW gepackt und auf dem Gelände versteckt worden. Ein Umstand, der in Niedersachsen für heftige Diskussionen sorgt: In einer aktuellen Stunde des Niedersächsischen Landtages wundert sich die agrarpolitische Sprecherin der SPD-Fraktion, Karin Stief-Kreihe: »Wie leicht sind Lebensmittelkontrolleure und Veterinäre übers Ohr zu hauen, denn es soll ja angeblich kontrolliert worden sein?« Landwirtschaftsminister Hans-Heinrich Ehlen (CDU) verteidigt die Kontrolleure: Kriminellen Machenschaften Einzelner könnten die Behörden »auch mit den besten Kontrollen nicht beikommen.« Auch Landrat Hans Eveslage (CDU), Dienstherr der Lebensmittelkontrolleure, kann keine Versäumnisse erkennen. In der »Osnabrücker Volkszeitung« rühmt er sich, die vermutlich größte Veterinärbehörde in ganz Deutschland unter sich zu haben. Tatsächlich werden in keinem Landkreis in Deutschland mehr Tiere geschlachtet als in Cloppenburg: pro Jahr 90 000 Kälber, 30 000 Rinder und 6 Millionen Schweine. Dazu kommen 12 Millionen Puten, über 500 000 Legehennen und etwa 30 000 Gänse. Wann immer in einem Betrieb geschlachtet wird, sind die Kontrolleure dabei: Sie entnehmen Proben, überprüfen die hygienischen Bedingungen, untersuchen das Schlachtvieh auf Krankheitserreger. Die Schlachtbetriebe werden mindestens während der gesamten Dauer der Schlachtung und die Zerlegebetriebe täglich überprüft. Laut Homepage des Landkreises sorgen 150 beim Landkreis angestellte Fleischkontrolleure und 70 amtliche Tierärzte dafür, dass »nur gesundheitlich unbedenkliches und qualitativ einwandfreies Fleisch an den Verbraucher gelangt.« Landrat Hans Eveslage versteigt sich sogar zu der Behauptung: »Unsere Kontrolleure gelten bei den Fleisch verarbeitenden Firmen als besonders streng.«

Doch wie streng sind die Kontrolleure tatsächlich? Wie streng dürfen sie sein, in einem Landkreis, der fast ausschließlich von der Fleischindustrie lebt? Fotos, die dem Autor zugespielt wurden, dokumentieren ekelhafte Zustände bei einem der größten Fleischproduzenten im Landkreis: D&S Fleisch.

Der Produzent war bereits vor drei Jahren ins Gerede gekommen, als die Staatsanwaltschaft Oldenburg gegen die D&S Fleisch-Geschäftsführer Herbert Dreckmann und Joachim Scholten und ihren Subunternehmer Wilfried I. ermittelte. Damals entstand das Telefonprotokoll über die katastrophalen hygienischen Verhältnisse bei D&S Fleisch über rumänische Arbeiter, die hinter den Kisten ihre Notdurft verrichten und sich nicht die Hände waschen (Seite 50 f. und 75 f.).

Drei Jahre nachdem dieses Dokument entstanden ist, lobt sich das Unternehmen auf seiner Homepage noch immer für seinen vorbildlichen Verbraucherschutz: »Das Nahrungsmittel Fleisch wird heute mehr denn je durch Auflagen, Gesetze und Kontrollen überwacht. Dies erfordert schon – mit Recht – das gestiegene Qualitätsbewusstsein der Verbraucher. Nur diese Sicherheit schafft das nötige Vertrauen. Genau aus diesem Grund investiert die D&S Fleisch GmbH schon seit Jahren in den Standard von morgen. Nicht ohne Stolz stellen wir Ihnen eines der modernsten Schlacht- und Zerlegezentren in ganz Europa vor. Diese Anlage ermöglicht eine Fleisch-Produktion, die transparenter nicht sein kann. Säulen dieses Konzeptes sind die lückenlose Rückverfolgbarkeit sowie ein durchgehend verantwortungsbewusster Umgang mit Tier und Umwelt.«

Die Fotos aus dem Geschlinge-Kühlhaus bei D&S Fleisch, die im Juni 2006 entstanden sind, lassen daran zweifeln: Während der Schlachtung werden hier Lungen, Lebern und Speiseröhren der frisch geschlachteten Tiere zwischengelagert. Der Raum ist blutverschmiert, die Wände starren vor Dreck und Schimmel. Der Metalltür ist an manchen Stellen überhaupt nicht mehr anzusehen, aus welchem Material sie ist. Schwarzer Schimmel bedeckt fast ein Viertel der Fläche. Eingetrocknete Blutspritzer und ein dicker Schmutzfilm überziehen die Wände. Es sind nicht die einzigen Bilder, die katastrophale hygienische Zustände belegen. Eine andere Fotoserie, die dem Autor zugespielt wurde, zeigt die Toiletten im Schlachthof von D&S Fleisch. Die Bilder erinnern an

Zustände, die bereits das Telefonprotokoll aus dem Jahr 2003 plastisch werden ließ. In den Toiletten sieht es aus, als wären die Schweine hier geschlachtet worden. Blutschmieren auf dem Boden, gemischt mit Kot. Auch die Toilettenschüsseln erstarren vor vertrocknetem Blut und Kot. Die Vorstellung, dass Arbeiter, die diese Toiletten benutzen, nach der Verrichtung ihres Geschäftes wieder mit einem hochsensiblen Lebensmittel wie Fleisch umgehen, kann einem die Lust auf Fleisch gründlich verderben. Entstanden sind die Fotos nicht etwa vor der Reinigung, sondern nach der nächtlichen Hygienekontrolle, die jede Nacht von amtlichen Fleischkontrolleuren im Betrieb gemacht wird. Wie konnte der katastrophale Zustand der Toiletten den Kontrolleuren entgangen sein? Sie hätten eigentlich nur ihrer Nase folgen müssen, um festzustellen, dass bei D&S Fleisch die Hygieneverhältnisse offenbar komplett aus dem Ruder gelaufen sind.

Haben die Kontrolleure von all dem wirklich nichts mitbekommen? Auf die Frage an das Cloppenburger Veterinäramt, wie es die hygienischen Verhältnisse im D&S-Schlachthof einschätzt, verweist die Pressestelle des Landkreises auf das »wirksame Eigenkontrollsystem«, das D&S Fleisch installiert habe: »Die Einhaltung der hygienerechtlichen Bestimmungen wird vom Landkreis Cloppenburg regelmäßig überprüft. Im Rahmen dieser Prüfungen sind vom Veterinäramt des Landkreises Cloppenburg keine größeren Beanstandungen festgestellt worden. Sofern kleinere Mängel auftreten, werden diese in Abstimmung mit dem Betrieb und der Zulassungsbehörde kurzfristig behoben.«

Feststeht jedenfalls, dass es die Ekel erregenden Zustände in den Toiletten und die blühenden Schimmelkulturen im Geschlinge-Kühlhaus gegeben hat. Dabei sind die Zustände selbst von einem Laien nicht zu übersehen. Das Geschlinge-Kühlhaus liegt nur wenige Meter vom Schlachtband entfernt, im selben Gebäude. Die Innereien werden dort unmittelbar während der Schlachtung in Kisten, Rollcontainern oder direkt am Haken aufgehängt, zwischengelagert. Neben den polnischen Schlachtern stehen am Schlachtband täglich zwischen 17 und 19 amtliche Fleischbeschauer, angestellt beim Landkreis Cloppenburg. Haben sie nichts bemerkt? »Natürlich wissen da alle Bescheid, wie es in dem Raum aussieht«, erzählt einer von ihnen. Er möchte nicht genannt werden, denn er hat Angst um seinen Job. Und natürlich hätten seine Kollegen immer wieder auf die Ekel erregenden Zustände hingewiesen. Ihre Vorgesetzen hätten daraufhin nur bemerkt, dass sie im Geschlinge-Kühlhaus nichts verloren hätten. »Früher kriegten wir Ärger, wenn wir etwas übersehen haben, heute kriegen wir Ärger, wenn wir etwas sehen«, erzählt einer der frustrierten Fleischbeschauer. Die Kontrolleure würden von ihren Vorgesetzten systematisch ausgebremst. Mit den Fleischfabrikanten wolle sich keiner anlegen.

Staatsanwalt Südbeck, dem die Fotos ebenfalls vorliegen, ist entsetzt über die Bilder: »Bei jeder kleinen Schlachterei würde man sofort sagen: Die muss dicht gemacht werden, wenn da solche Zustände herrschten.« Für den Großfabrikanten D&S Fleisch gelten offenbar andere Regeln. Die Oldenburger Staatsanwaltschaft hat im Juni 2006 ein Ermittlungsverfahren gegen D&S Fleisch wegen Verstoßes gegen das Fleischhygienegesetz eingeleitet. Doch eine Durchsuchung hat möglicherweise keinen Sinn mehr. Von D&S Fleisch-Mitarbeitern ist zu erfahren, dass sie am 13. 6. 2006 angewiesen wurden, den Raum gründlich zu schrubben. Ein Zufall? Am Vortag hatte sich der Autor sowohl bei der Veterinärbehörde als auch bei der D&S Fleisch-Geschäftsführung nach den hygienischen Bedingungen im Betrieb erkundigt.

Offenbar reagiert manche Firma immerhin auf Druck der Öffentlichkeit. Wie wenig Autorität hingegen die amtlichen Kontrolleure in den Firmen haben, zeigt auch ein anderes Beispiel: Als D&S Fleisch seinen Schlachthof »ES 906« 2001 in Betrieb nahm, war der oberste Fleischkontrolleur im Landkreis Cloppenburg alles andere als zufrieden mit den neu gebauten Anlagen. Am 23. 5. 2001 schrieb er an die Firmenleitung der D&S Fleisch: »Im neu erbauten Schlachthof

ES 906 sind nach Aufnahme des regulären Schlachtbetriebs noch folgende gravierende Mängel festzustellen:« In dem Schreiben listet er eine ganze Reihe von Problemen auf, die den amtlichen Tierärzten an den Schlachtbändern das Leben erschwerten. Von Anfang an hatte der Amtsveterinär gefordert, das Schlachtband müsse von einer Videoanlage aus zu überwachen sein, damit die Tierärzte überhaupt mitbekommen, was sich an den Bändern tut. In seinem Schreiben hält der Amtsveterinär fest:»Die zugesagten Fernsehkameras und Monitore sind noch nicht installiert.« Fünf Jahre später erhält der Autor von D&S Fleisch eine interessante Antwort auf die Frage, ob die Kameras und Monitore inzwischen installiert seien:»Die im seinerzeitigen Genehmigungsbescheid enthaltene Nebenbestimmung bezüglich Fenster im Tierärzte-Raum im Stallbereich, alternativ Kameras/Monitore, ist in Absprache mit der EG-Zulassungsbehörde zunächst aufgeschoben worden und soll nunmehr im Rahmen der fortlaufenden Modernisierung des Schlachthofes realisiert werden.« Anders ausgedrückt: Es gibt die damals versprochenen Kameras und Monitore immer noch nicht. Seit fünf Jahren hält D&S Fleisch die Behörde hin.

Auch in einem anderen Punkt konnte sich die Behörde gegen das Unternehmen nicht durchsetzen: So kritisierte der Amtsveterinär 2001:»Im Bereich des Trimmbandes kommt es zu nicht vertretbaren Stauungen von Tierkörpern, die eine ordentliche Nachuntersuchung bzw. ein Trimmen der Tierkörper unmöglich machen oder zumindest erheblich erschweren.« Gemeint ist damit das Band, an dem die amtlichen Fleischbeschauer die Teile der Schweine wegschneiden, die sie vorher beanstandet haben. Erst danach dürfen diese Schweinekörper weiter bearbeitet werden. Der Amtsveterinär kommt zu dem Ergebnis:»Der Einbau einer Zwangsförderung, die vom Tierarzt gesteuert werden kann und die Tiere einzeln von der Waage zum Trimmen abruft, wird ebenso empfohlen, wie die Schaffung einer Möglichkeit zum direkten Einschleusen der Tierkörper in die dazu vorgesehenen Bahnen unter Umgehung des Trimmbandes.« Eine Investition, die D&S Fleisch offenbar genauso scheute wie den Einbau von Kameras. D&S Fleisch-Geschäftsführer Herbert Dreckmann legt in seiner Antwort Wert auf die Feststellung, dass die Verbesserung des Trimmbandes eine nachträglich verfügte Auflage der Behörde sei: »Die Trimmbandorganisation ist in Erfüllung dieser Auflage durch personelle Aufstockung verbessert worden.« Statt, wie vorgeschlagen, den Bereich umzubauen und zu investieren, hat D&S Fleisch demnach also einfach ein paar Männer mehr ans Trimmband gestellt. Der Landkreis Cloppenburg, der vor fünf Jahren die Zustände noch gerügt hatte, fühlt sich inzwischen für diese Fragen nicht mehr zuständig. Das sei nun Sache der Zulassungsbehörde und des Landesamtes für Verbraucherschutz und Lebensmittelsicherheit in Oldenburg.

Hoffnungslos überfordert ist die Veterinärbehörde offenbar auch, mit dem Wachstum von D&S Fleisch Schritt zu halten. 39 500 Schweine pro Woche werden derzeit bei D&S Fleisch geschlachtet, und das Unternehmen will die Schlachtzahlen massiv erhöhen: Bereits im Herbst 2006 – so das Ziel laut einer Unternehmensmitteilung – sollen 66 000 Schweine pro Woche geschlachtet und vermarktet werden, 2007 dann sogar 80 000. Ein Unternehmensziel, hinter dem offenbar nicht nur die Hygiene im Schlachthof zurückstehen muss. Schon vor der Erhöhung der Schlachtzahlen ist die Veterinärbehörde massiv überlastet. Die Stundenzettel, die die Fleischkontrolleure bei D&S Fleisch jeden Abend abzeichnen, belegen das. Sie stammen von Februar 2005. Am 14. Februar arbeitete ein Kontrolleur 16 Stunden, seine Kollegen in der Mehrheit zwischen 13,75 und 15 Stunden. Am nächsten Tag waren es wieder zwischen 13,5 und 15,5 Stunden, die die Fleischbeschauer am Band standen. Eine Ausnahmesituation? Das Bild, das die Stundenzettel vom 21. und 22. Februar zeichnen, sieht ähnlich aus. Die Mehrheit der Fleischbeschauer arbeitete an beiden Tagen mehr als 13 Stunden. Die Arbeitszeiten der Fleischbeschauer müssten dem zuständigen Veterinäramt des

Landkreises Cloppenburg eigentlich bekannt sein. Schließlich sind die Fleischbeschauer hier angestellt. Ihr Lohn wird nach den eingereichten Stundenzetteln abgerechnet. Aber offenbar haben die überlangen Arbeitszeiten hier niemanden veranlasst, Abhilfe zu schaffen. 30 000 Überstunden, hat der Personalrat des Landkreises ausgerechnet, schieben die rund 150 Fleischbeschauer vor sich her. Beschwerden darüber habe es immer wieder gegeben, berichtet einer von ihnen, doch geändert habe sich nichts. Im Gegenteil. Am 11. April 2006 schreibt der stellvertretende Amtsveterinär an seinen Untergebenen, der für die Einteilung der Männer bei D&S Fleisch zuständig ist: »Ab sofort gilt eine Urlaubssperre für das gesamte Fachassistentenpersonal. Bereits bewilligter Urlaub ist unverzüglich rückgängig zu machen. Das Personal ist unverzüglich zum Dienst einzuteilen.«

Zwei Monate später segnet Karl-Wilhelm Paschertz offiziell ab, was seit Monaten offensichtlich gängige Praxis bei D&S Fleisch ist: »(...) wie bereits telefonisch angekündigt dürfen Sie gemäß Absprache mit dem Amt 10 und dem Dezernenten des Amtes für Veterinärwesen und Lebensmittelüberwachung, Herrn Varnhorn, bis auf Weiteres Doppelschichten mit Fachassistenten besetzen. (...) Ziel der Doppelschichteinteilung ist, den Mitarbeitern die Möglichkeit zu geben, leichter den Resturlaub aus 2005 zu nehmen.« Doppelschichten haben Fleischbeschauer de facto längst vor der offiziellen Erlaubnis geleistet: Am 1. Juni 2006 etwa brachte es ein Fleischbeschauer bei D&S Fleisch auf 17,25 Stunden. Er hatte um fünf Uhr morgens angefangen und bis 22.15 Uhr gearbeitet. Seinen Kollegen erging es nur wenig besser. Sie brachten es an diesem Tag immerhin auf 15,75 Stunden. Der Landkreis räumt ein: »Aufgrund erhöhter Schlachtzahlen sind im Frühjahr 2006 auch bei den amtlichen Tierärzten und den amtlichen Fachassistenten in erheblichem Umfang Überstunden angefallen. Hierauf hat der Landkreis Cloppenburg reagiert und für das amtliche Personal einen Zweischichtbetrieb eingeführt. Insbesondere aufgrund von urlaubs- und krankheitsbedingten Ausfällen kommt es zur Zeit noch dazu, dass Tierärzte und Fachassistenten in zwei aufeinanderfolgenden Schichten eingesetzt werden.« Dies geschehe aber mit ausdrücklicher Zustimmung der Mitarbeiter. Wie ein derartiges Arbeitspensum mit dem Arbeitszeitgesetz in Einklang zu bringen ist, ist auch der Oldenburger Staatsanwaltschaft ein Rätsel. Laut Arbeitszeitgesetz darf in der Regel nicht länger als acht Stunden täglich gearbeitet werden. In Ausnahmefällen darf höchstens bis zu zehn Stunden gearbeitet werden. Wird diese Zeit überschritten, muss der Arbeitgeber mit Freizeitausgleich dafür sorgen, dass in einem Zeitraum von sechs Monaten zumindest die durchschnittliche Arbeitszeit von acht Stunden pro Tag nicht überschreitet. Bernard Südbeck hat jetzt ein Ermittlungsverfahren eingeleitet. Er wirft D&S Fleisch vor, wiederholt und regelmäßig gegen die Arbeitszeitgesetze zu verstoßen. Um den Nachweis zu führen, hat Staatsanwalt Bernard Südbeck sämtliche Stundenzettel vom Landkreis Cloppenburg angefordert. Er hat den Verdacht, dass die Stundenzettel aus dem Februar 2005, die dem Autoren vorliegen, nur die Spitze eines Eisberges sind. Im Juni 2006 lässt er die Veterinäre von der Polizei vernehmen.

Südbecks Verdacht: Nicht nur die Fleischbeschauer arbeiten bei D&S Fleisch bis zum Umfallen. Den polnischen Schlachtern und Zerlegern, vermutet Südbeck, wird es kaum besser ergehen. Tatsächlich bestätigen mehrere Fleischbeschauer gegenüber dem Autor, dass die polnischen Schlachter und Zerleger mindestens genauso lange schuften. Sie seien sogar meistens schon vor den Fleischbeschauern im Betrieb. In Interviews mit dem Autor hatten sie sich immer wieder über unmenschliche Arbeitszeiten beklagt. 14-15-16 Stunden seien bei D&S Fleisch normal. Arbeitszeiten also, die an die dunkelsten Zeiten der industriellen Revolution erinnern, in einem Schlachthof, der sich rühmt, einer der modernsten Europas zu sein. D&S Fleisch-Geschäftsführer Herbert Dreckmann will davon nichts wissen. In einem

Fax an den Autor behauptet er pauschal: »Die Firma D&S Fleisch GmbH hält die Vorschriften des Arbeitszeitgesetzes ein. Die Einhaltung der gesetzlichen Vorschriften wird von der Firmenleitung regelmäßig überwacht. Verstöße gegen das Arbeitszeitgesetzt sind der Firmenleitung nicht bekannt.«

Wie kommt es, dass es in einem Betrieb über Jahre hinweg immer wieder zu bedenklichen hygienischen Verhältnissen kommen kann, ohne dass das von amtlicher Seite Konsequenzen hat? Wie kann es sein, dass amtliche Fleischbeschauer statt Arbeitszeitüberschreitungen zu rügen, selbst aberwitzige Schichten am Band zu leisten haben?

Allzu scharfe Kontrollen können Betriebe in wirtschaftliche Schwierigkeiten bringen. Daran können Landräte und Bürgermeister, die Dienstherren der Kontrolleure, kaum ein Interesse haben. Schon der mögliche Rückgang von Gewerbesteuereinnahmen aus den Fleischbetrieben dürfte manchem Landrat Sorgen bereiten. Dazu kommt die mancherorts offen ausgesprochene Drohung seitens der Fleischbetriebe, man mache den Laden dicht und siedele sich in einem anderen Landkreis an. Für Kommunalpolitiker würde der Verlust von Arbeitsplätzen und Steuereinnahmen in den meisten Fällen eine Katastrophe bedeuten.

Auch zwischen dem Landkreis Cloppenburg und der Firma D&S Fleisch gibt es enge wirtschaftliche Verflechtungen. Die Landessparkasse zu Oldenburg (LzO) hat zum Beispiel im April 2003 D&S Fleisch einen Kredit in Höhe von einer Million Euro gewährt. Vorsitzender sowohl des Verwaltungsrats der LzO als auch des Kreditausschusses ist zu diesem Zeitpunkt der Cloppenburger Landrat Hans Eveslage – der Mann also, der auch Dienstherr der amtlichen Fleischkontrolleure ist, die D&S Fleisch kontrollieren. Ein Interessenkonflikt? Zu dieser Frage will sich weder der Landkreis noch Hans Eveslage äußern. In einem Fax an den Autor schreibt ein Sprecher des Landkreises am 28. Juni 2006: »Dem Landkreis Cloppenburg ist nicht bekannt, welche geschäftlichen

Beziehungen die Firma D&S Fleisch zu welchen Geldinstituten unterhält. Die Beratungen des Kreditausschusses der LzO sind streng vertraulich. Der Landrat gibt grundsätzlich keinerlei Informationen aus diesem Gremium weiter.«

Vor diesem Hintergrund scheint es nur logisch, dass sich staatliche Veterinärämter häufig ebenso als Partner wie als Kontrolleure der Betriebe in ihrem Landkreis sehen. So empfiehlt sich das Amt für Veterinärwesen und Lebensmittelüberwachung in Cloppenburg auf seiner Homepage auch als Dienstleister für die Branche: »In diesem Zusammenhang versteht sich die tierärztliche Überwachung auch als sachverständige Beratung der Firmen, um eine hygienisch einwandfreie Lebensmittelgewinnung zu sichern, zu optimieren und diese den sich ständig ändernden gesetzlichen Vorgaben sowie der rasch fortschreitenden Entwicklung der Schlacht-, Be- und Verarbeitungstechnologie anzupassen.«

Wie eng dürfen Kontrolleure mit Kontrollierten zusammenarbeiten? In seltener Offenheit spricht der pensionierte Amtsveterinär Volker Wege in einem Bericht von REPORT MAINZ über sein Verhältnis zu den Betrieben, für deren Kontrolle er zuständig war. Er räumt offen ein, dass die Wettbewerbsfähigkeit der Betriebe sehr wohl ein Kriterium für die Strenge der Kontrollen darstellt: »Wenn ich ein sehr starkes Kontrollsystem habe und Betriebe wirklich Punkt für Punkt nach gesetzlichen Bestimmungen überprüfe, hätte ich eine Wettbewerbsfähigkeit dieses Betriebes, die hätte ich nicht mehr gehabt. Das hat man häufig, dass Betriebe aus einzelnen Kreisen in die Nachbarkreise abwandern, wo sie genau wissen, dass das Kontrollsystem der Veterinärbehörden nicht ganz so gut funktioniert.«

Volker Wege war auch für die Kontrolle des Fleischfabrikanten Gausepohl zuständig. Wege räumt offen ein, dass er heute einen Beratervertrag mit Gausepohl hat. »Beratende Tätigkeit in Ausübung meines Dienstes habe ich sowieso immer gemacht. Das heißt, ich habe nicht nur kontrolliert, sondern die Betriebe auch beraten. Nur heute kann ich beraten und kann mir das finanziell vergüten lassen«, erzählt der zufrieden lächelnde Pensionär.

Staatsanwalt Bernard Südbeck, der wohl die meisten Fleischskandale in Deutschland aufgedeckt hat, kann sich nicht erinnern, dass Amtsveterinäre bei der Aufklärung je eine große Rolle gespielt hätten. Meistens kamen die Hinweise von Mitarbeitern, die die Zustände bei ihren Arbeitgebern nicht länger mit ansehen wollten. Bernard Südbeck hält es für fatal, dass manche Amtsveterinäre jahrelang für denselben Betrieb zuständig sind. In der Stellungnahme der Staatsanwaltschaft zum 15-Punkte-Plan der Landesregierung in Nordrhein-Westfalen empfiehlt Südbeck eine unabhängige Prüftruppe. Sie sollte seiner Meinung nach nicht bei den Kommunen, sondern auf der Ebene der Regierungspräsidenten (NRW) oder der Landesvertretungen (Niedersachsen) eingerichtet werden und täglich unangemeldet in Betrieben kontrollieren. Begründung: »Einer effektiven Überwachung stehen oft wirtschaftliche Interessen entgegen. Wird in einer Kommune streng, in der anderen weniger streng kontrolliert, entstehen Wettbewerbsnachteile, die dazu führen können, dass Unternehmen in die Kommune übersiedeln, in der wenig kontrolliert wird. Dies widerspricht der Intention einer wirksamen Lebensmittel- und Veterinärüberwachung.«

Um »wohlwollende Prüfungen« und Korruption bei den Veterinär- und Lebensmittelüberwachern zu vermeiden, empfiehlt die Staatsanwaltschaft zudem eine Rotation: Kontrolleure sollen nicht mehr jahrelang für denselben Betrieb zuständig sein, sondern nach einem Jahr in einen anderen Betrieb wechseln. Solidarisierung zwischen Kontrolleuren und Kontrollierten könnten so vermieden werden. »Wenn ein Kontrolleur jahrelang immer denselben Betrieb kontrolliert, dann muss er natürlich sehen, wie er einträglich mit dem Betrieb auskommt. Das führt dann eben dazu, dass man über manches hinwegsieht«, meint Bernard Südbeck.

Kontrolle der Eigenkontrolle – eine EU-Verordnung und ihre Auswirkungen

1. 1. 2006. Die öffentliche Diskussion über Gammelfleisch ist in Deutschland auf dem Höhepunkt, da tritt – von den Medien kaum beachtet – eine EU-Verordnung in Kraft, die gravierende Folgen für die amtliche Überwachung von Fleischbetrieben hat. Die Verordnung erlaubt, dass Schlachthofpersonal die Tätigkeiten der amtlichen Fachassistenten übernimmt. Was bislang also nur amtlichen Fleischbeschauern erlaubt war, dürfen in Zukunft die Schlachthöfe zum Teil nun in eigener Regie machen. Sie sollen sich selbst kontrollieren. Zunächst gilt die Verordnung allerdings nur für Betriebe, die Geflügelfleisch oder »Hasentiere« verarbeiten. Die Oldenburger Staatsanwaltschaft hält in ihrer Stellungnahme diese Eigenkontrolle für bedenklich. »Wettbewerbsdruck und wirtschaftliche Interessen verleiten dazu, die Lebensmittel- und Veterinärkontrollen zu vernachlässigen.« Anders ausgedrückt: Die Verordnung macht den Bock zum Gärtner.

Ausgerechnet D&S Fleisch nutzt frühzeitig die Möglichkeit der neuen EU-Verordnung. Am 11. 4. 2006 teilt der stellvertretende Kreisveterinär seinen untergebenen Stellen mit: »Ein Trichinenprobenentnehmer wird als betriebseigenes Personal in Absprache mit dem Betrieb D&S eingesetzt.« Möglich macht auch das die neue EU-Verordnung: »Schlachthofpersonal, das unter der Aufsicht des amtlichen Tierarztes eine besondere Schulung erhalten hat, darf unter der Verantwortung und Aufsicht des amtlichen Tierarztes bestimmte Probenahmeaufgaben und Tests in Bezug auf Tiere aller Arten durchführen.« Dazu gehören auch Trichinentests in Schlachthöfen, die Schweine schlachten und verarbeiten.

Trichinen sind Fadenwürmer, deren Larven in Schweinefleisch vorkommen. Werden die Larven von Menschen verzehrt, siedeln sich die Fadenwürmer im menschlichen Darm an und können Durchfälle, Fieber, Muskelschmerzen und Gesichtsödeme auslösen. Manchmal verläuft die Krankheit sogar tödlich.

Karl-Wilhelm Paschertz selbst machte seine Mitarbeiter am 28. 3. 2006 auf die Gefahr durch Trichinen aufmerksam: Im Landkreis Uecker-Randow (Brandenburg) seien zwei Personen an Trichinellose erkrankt. Als Ursache wird ein von der Familie geschlachtetes Hausschwein vermutet. Das Tier sei vorher ordnungsgemäß auf Trichinen untersucht worden. Paschertz leitet diese Meldung an alle Betriebe weiter mit der Bitte, das »gesamte Trichinenuntersuchungspersonal über die eventuell geänderte Risikolage zu informieren«.

Dass vor diesem Hintergrund bei D&S Fleisch ausgerechnet die Entnahme der Trichinenproben nun in die Hände des Betriebes gelegt werden, verwundert die amtlichen Fleischbeschauer. Zumal der Mann, der jetzt am Band diese Aufgabe übernimmt, ausgerechnet ein polnischer Mitarbeiter von Pilarz ist. Bei dem polnischen Dienstleister, der Billigkräfte für Ingolf Röschmann organisiert, stellte die Oldenburger Staatsanwaltschaft im Sommer 2005 fest, dass 133 Mitarbeiter mit gefälschten Gesundheitszeugnissen ausgestattet waren. Nicht gerade ein vertauenerweckender Umstand. D&S Fleisch-Geschäftsführer Herbert Dreckmann räumt auf Anfrage des Autors in einem Fax ein: »Im Rahmen der amtlichen Fleischuntersuchung werden Fleischproben für die Trichinenuntersuchung von Mitarbeitern eines Dienstleisters unter amtlicher Aufsicht entnommen. Die eigentliche Trichinenuntersuchung wird durch amtliche Fachassistenten durchgeführt. Die anschließende Genusstauglichkeitskennzeichnung der Schweinehälften erfolgt durch den Mitarbeiter eines Dienstleisters sowie einen amtlichen Fachassistenten unter fachlicher Aufsicht.« Auch der Landkreis hat mit der neuen Arbeitsaufteilung keine Probleme: Die Probenentnahme für die Trichinenuntersuchung sei lediglich eine »Hilfstätigkeit« und keine amtliche Aufgabe: »Die Probennahme und auch die Kennzeichnung der Schweinehälften erfolgt unter amtlicher Aufsicht von entsprechend eingewiesenen Mitarbeitern.«

Auf die Frage, wie der Mann, der die Trichinenproben jetzt entnimmt, geschult wurde, bleiben sowohl der Landkreis als auch das Unternehmen die Antwort schuldig.

»Welcher Skandal?« Versprechen der Politik – und die Realität

30. 11. 2005, Berlin. Bundeskanzlerin Angela Merkel findet angesichts der immer neuen Gammelfleischfunde in ihrer Regierungserklärung harte Worte. »Null Toleranz gegenüber denen, die das Vertrauen der Verbraucher mit Füßen treten«, fordert sie. Verbraucherschutzminister Horst Seehofer stellt am selben Tag seinen 10-Punkte-Plan vor, mit dem er gegen kriminelle Machenschaften in der Fleischbranche vorgehen will. Die Lebensmittelkontrollen sollen verbessert werden. Seehofer kündigt ein Gespräch mit seinen Länderkollegen darüber an. Über Parteigrenzen hinweg sind sich die Verbraucherschutzminister einig, dass die Kontrollen verbessert werden müssen.

Das Motto »Geiz ist Geil« gilt in Deutschland offenbar nicht nur an der Fleischtheke: Im Vergleich zu anderen europäischen Ländern wird auch an der Lebensmittelüberwachung gespart. Pro Jahr werden in Deutschland etwa 3 Euro pro 100 000 Einwohner für die Kontrolle von Lebensmitteln ausgegeben. In Dänemark ist es das Fünffache, hat die »Welt am Sonntag« ausgerechnet. Gerade einmal 2311 Lebensmittelkontrolleure waren 2004 in ganz Deutschland im Einsatz. Bundesweit kommen damit auf einen Kontrolleur rund 600 zu kontrollierende Betriebe. In Gelsenkirchen, dem »Hauptquartier« des Fleischhändlers Domenz, sind regelmäßig gerade einmal sieben Kontrolleure unterwegs – zuständig für 3000 Betriebe. Der Verband der Lebensmittelkontrolleure und die Gewerkschaft NGG weisen schon seit

Jahren darauf hin, dass das viel zu wenige, zumal auch noch höchst unterschiedlich verteilt, sind. Denn die Zahl der Kontrolleure richtet sich nach der Einwohnerzahl der jeweiligen Bundesländer, nicht etwa nach der Zahl der Betriebe. »In Sachsen-Anhalt überwachten zum Beispiel 120 Kontrolleure 32 000 Betriebe, während in Rheinland-Pfalz die gleiche Anzahl an Inspektoren rund 84 000 Betriebe überprüften«, rechnet Markus Dieterich von der NGG vor.

Was hat sich seit den Gammelfleischskandalen daran geändert? Im Januar 2006 will der Berliner »Tagesspiegel am Sonntag« von den zuständigen Länderministern wissen, ob sie, wie von Seehofer gefordert, nun tatsächlich bereit sind, mehr Kontrolleure einzustellen. Die Antwort ist ernüchternd: Lediglich Baden-Württemberg kündigt an, bis zu 76 Kontrolleure zusätzlich einzustellen, das aber nur dann, falls eine Schwachstellenanalyse »eine zwingende Notwendigkeit« aufzeige. Die Länder, die von den Fleischskandalen besonders betroffen waren – Nordrhein-Westfalen, Niedersachsen und Bayern –, planen dagegen gar keine Aufstockung. In anderen Ländern soll sogar noch weiter eingespart werden. »Es wäre schon ein Erfolg für uns, wenn wegfallende Stellen bei den 130 Lebensmittelkontrolleuren besetzt werden können«, zitiert die Zeitung einen Sprecher des Brandenburgischen Verbraucherschutzministeriums.

Am 9. April 2006 überreichten Vertreter der Umweltorganisation Greenpeace Verbraucherschutzminister Horst Seehofer eine neue Studie, die sich mit der Qualität der Lebensmittelkontrollen auseinandersetzt. Das Urteil der Studie ist vernichtend: Die Länder kontrollierten zu selten, staatliche Untersuchungslabore seien meistens nicht auf dem notwendigen technisch-wissenschaftlichen Stand. Nur sechs Länder veröffentlichten staatliche Untersuchungsergebnisse im Internet. Die meisten Behörden würden noch nicht einmal dann tätig, wenn sie eindeutige Hinweise auf Verstöße erhielten. Bei der Übergabe der Studie räumt Seehofer laut einer Greenpeace-Pressemeldung ein: »Greenpeace hat Recht – die Lebensmittelkontrolle ist mangelhaft.«

Zu einem ähnlichen Ergebnis kommt der Bundesverband der Verbraucherzentralen am 13. 6. 2006. In einer breit angelegten Studie, dem Verbraucherschutzindex, haben die Verbraucherschützer auch die Lebensmittelkontrollen unter die Lupe genommen. Das Ergebnis nennt die Vorsitzende des Verbandes Edda Müller »Besorgnis erregend«. So erreiche zum Beispiel Nordrhein-Westfalen gerade mal ein Fünftel der maximal erreichbaren Punktzahl. »Angesichts der zahlreichen Lebensmittelskandale der vergangenen Jahre ist dies bemerkenswert«, heißt es in der Studie. Überschrieben ist das Kapitel mit der Frage: »Gab es mal irgendwelche Lebensmittelskandale?«

»Harte Strafen für schwarze Schafe« –
und die Wirklichkeit

14. 6. 2006, Landshut. Vor dem Amtsgericht im beschauli-
chen Städtchen Landshut muss sich ein Mann verantworten,
der vor wenigen Monaten noch die Schlagzeilen beherrschte.
Damals wäre zu diesem Termin noch eine ganze Meute von
Journalisten angereist, allein um endlich mal ein aktuelles
Bild von dem Mann zu drehen, dessen Name für einen der
Ekel erregendsten Fleischskandale der Bundesrepublik steht:
Karl Heinz Berger. Doch heute ist das Interesse der Medien
eher gering. Vor dem Gerichtssaal warten zwei Journalisten
von Lokalzeitungen, eine einzige Kamera vom Nachrichten-
sender N24 ist da. Der Journalist bringt sie selbst in Stellung.
Um ein richtiges Kamerateam zu schicken, war dem Sender
offenbar der Termin nicht wichtig genug. Obwohl es ein kleiner Gerichtssaal ist, in dem verhandelt wird, sind auf den Zu-
schauerrängen etliche Plätze frei. Nicht einmal ein Dutzend
Zuschauer sind gekommen, um Zeugen der Verhandlung
zu werden. Neben seinem bulligen Anwalt Hartmut Finger
wirkt der schmächtige Berger, der einst Deutschlands größte
Wildfleischverarbeitung mit 80 Mitarbeitern unter sich hatte,
fast unscheinbar. Auf die Frage des Richters, welchen Beruf
Karl Heinz Berger heute ausübt, antwortet er knapp: »Kein
Beruf.« Dann übernimmt wieder sein Anwalt: »Mein Mandant ist Kaufmann, aber er hat kein Unternehmen mehr.«
Tatsächlich haben seine Wildverarbeitungsbetriebe keine Zulassung mehr. Sämtliche Standorte von Berger-Wild wurden
Anfang 2006 von den Behörden dicht gemacht, nachdem im-

mer unappetitlichere Details über das Geschäftsgebaren des Unternehmens ans Licht gekommen waren. Doch vor dem Landshuter Amtsgericht geht es diesmal um etwas anderes: Karl Heinz Berger muss sich wegen der illegalen Beschäftigung von Ungarn in seinem Betrieb verantworten. Wie etliche andere Betriebe hat sich Karl Heinz Berger auf einen ungarischen Dienstleister eingelassen, der ihm Arbeitskräfte beschaffte. Damit das Geschäft legal aussah, hatte er seit dem Jahr 2000 auf dem Papier Werkverträge mit dem Dienstleister abgeschlossen. Aus Sicht der Staatsanwaltschaft war auch Karl Heinz Berger von vornherein klar, dass es sich dabei tatsächlich um eine illegale Arbeitnehmerüberlassung gehandelt hatte. Die Ermittler hatten herausgefunden, dass sich am angeblichen Firmensitz der ungarischen Firma in Budapest lediglich die Privatwohnung von Bergers Geschäftspartner befand. Auch konnte keine Rede davon sein, dass die Arbeiter ein eigenständiges Gewerk bei Berger verrichteten: Sie waren vollständig in den Betriebsablauf bei Berger integriert, wurden für Reinigungsarbeiten und Entladejobs eingesetzt, ihre Einsatzpläne wurden fingiert, um einen Werkvertrag vorzutäuschen. Um insgesamt 79 975 Euro Sozialabgaben hat das Unternehmen demnach die Sozialversicherungsträger geprellt.

Schon vor Prozessbeginn hatten sich Anklage und Verteidigung geeinigt. Bei Wirtschaftsprozessen sind solche Deals inzwischen übliche Praxis: Sollte Berger gestehen, würde die Staatsanwaltschaft auf einige Anklagepunkte verzichten. So könne man etwa darüber hinwegsehen, dass sich Berger durch die fingierten Werkverträge die Aufenthaltsgenehmigungen für seine ungarischen Arbeiter erschlichen hat. Berger hatte sich darauf eingelassen und gesteht schließlich die Vorwürfe der Anklage. Am Ende bleibt als Vorwurf nur noch das so genannte Vorenthalten des Arbeitsentgelts, sprich die Nichtabführung von Sozialabgaben für die de facto bei Berger angestellten Ungarn. Karl Heinz Berger hätte sich diesen Prozess sogar ganz ersparen können: Hätte er eine Geldstrafe von 5000 Euro akzeptiert, wäre für die Staatsanwaltschaft der Fall erledigt gewesen. Doch Karl Heinz Berger war diese Strafe zu hoch. Am Ende kommt er tatsächlich noch günstiger weg. Das Amtsgericht verurteilt ihn zu insgesamt 4400 Euro Geldstrafe. Ein Kompromiss, Bergers Anwalt wollte sich nur auf 3000 Euro einlassen. Aus der Urteilsbegründung spricht sogar einiges Verständnis: Es sei ja richtig, dass es für einen Betrieb wie Berger schwer sei, Deutsche für die schmutzige Arbeit im Zerlegebetrieb zu finden. Und Berger sei immerhin zugute zu halten, dass er vergleichsweise viel an seinen Dienstleister bezahlt habe. Für das Geld hätte er auch Deutsche einstellen können.

Hartmut Finger, Bergers Rechtsanwalt, kann zufrieden sein. Und er wagt einen optimistischen Ausblick auf den Prozess, der noch aussteht: Der »Gammelfleisch-Skandal«, den Berger verursacht haben soll, werde am Ende strafrechtlich kaum Bedeutung haben. «Was ist meinem Mandanten denn schon groß vorzuwerfen?«, fragt Finger. Dass das Wildfleisch von Berger gesundheitsgefährdend war, werde nicht nachzuweisen sein, noch nicht einmal, dass es bakteriologisch belastet gewesen wäre. Bliebe noch das Umdeklarieren zum Beispiel von Mufflon- oder Wildschaffleisch als Gamsedelgulasch. »Na gut«, räumt Finger ein, »aber das ist bestenfalls ein Verstoß gegen das Lebensmittelrecht.« Finger ist überzeugt: »Da wird am Ende nicht viel rauskommen.«

Bergers Anwalt könnte Recht behalten. Es ist gerade mal ein paar Tage her, am 18. 5. 2006, da fiel das Urteil in einem anderen Prozess, der bundesweit für Schlagzeilen gesorgt hatte. Vor Gericht stand ein Bezirksleiter von real,-. Mit seinem Wissen wurde in den Filialen, für die er zuständig war, »abgelaufenes« Hackfleisch neu verpackt und mit frischem Haltbarkeitsdatum wieder in die Regale gelegt. Ein Mitarbeiter hatte das abendliche Umverpacken heimlich aufgenommen. Die Bilder lösten im März 2005 Wut und Empörung bei Verbrauchern und Medien aus. Im Prozess berichtet ein Zeuge davon, dass das Umverpacken bei real,-

gängige Praxis seit 2001 gewesen sei: »Ich war Abteilungsleiter bei real,- in Langenhagen von 2001 bis Juni 2005, es
wurde schon immer so gemacht seit 2001. Bei meiner Ein-
arbeitung wurde mir das von meinem damaligen Abteilungsleiter sogar gesagt. Es war gängige Praxis. Ich weiß, dass das
nicht in Ordnung war. Der Bezirksleiter wusste Bescheid
über das Umverpacken. Er wurde auf die Missstände hingewiesen. Er hat nicht gefordert, dass wir damit aufhören
sollen. Er sagte, es gibt ›offiziell‹ kein Umverpacken. Aber
wenn der Verderb zu hoch war, bekam ich eins auf den De-
ckel, es wurde mit Jobverlust gedroht. Es war in allen Märk-
ten die gleiche Praxis.«

Neun Monate auf Bewährung hatte die Staatsanwaltschaft
Oldenburg für den hauptverantwortlichen Bezirksleiter gefordert. Doch das Urteil des Amtsgerichts Hannover bleibt
weit hinter diesen Erwartungen zurück. Am Ende steht eine
Geldstrafe in Höhe von 9000 Euro. Anstiftung zum vor-
sätzlichen unerlaubten Inverkehrbringen von Lebensmitteln,
mehr bleibt strafrechtlich als Vorwurf nicht übrig. Das Amtsgericht Hannover rechnete dem Bezirksleiter bei der Be-
messung der Strafe an, dass er »selbst innerhalb der Kon-
zernhierarchie erheblich unter Druck stand, den Verlust der
Ware möglichst gering zu halten. Auch er stand unter Druck,
unter bestimmten Voraussetzungen seinen Arbeitsplatz zu
verlieren, wenn in diesem Bereich eine zu hohe Quote entstehen würde.« Das offenbar gnadenlose System bei real,-,
bloß nichts verkommen zu lassen, wirkte sich damit am Ende
sogar strafmildernd aus.

Wann immer Fleischskandale oder illegale Machenschaften der Fleischwirtschaft ans Tageslicht kommen, ist der Ruf
nach harten Strafen nicht weit. So fordert Horst Seehofer
in seinem 10-Punkte-Plan, der geltende Strafrahmen bei
Verstößen gegen das Lebensmittelgesetz soll konsequenter
ausgeschöpft werden. Zudem sollen Schwerpunkt-Ermitt-
lungsbehörden in den Ländern die Strafverfolgung verbessern. Eine Forderung, der sich selbst der Verband der

Fleischwirtschaft in seiner Stellungnahme anschließt. Auch für Nordrhein-Westfalens Verbraucherschutzminister Eckhard Uhlenberg sind harte Strafen entscheidend im Kampf gegen die schwarzen Schafe der Branche: »Wir möchten erreichen, dass der Strafrahmen für Verstöße gegen Lebensmittel- und Futtermittelrecht wirklich abschreckend wirkt. Mit der Justizministerin werde ich beraten, wo Lücken im Strafrecht liegen. Mit dem neuen Bundesverbraucherschutzminister Seehofer habe ich dieses Thema in den vergangenen Tagen erörtert«, erklärt er anlässlich einer aktuellen Stunde im Landtag zum Gammelfleischskandal. Bundesjustizministerin Brigitte Zypries (SPD) hingegen kann keine Lücken im Gesetz erkennen: Der Weiterverkauf von Schlachtabfällen als lebensmitteltaugliche Ware gelte bei Umdeklarierung oder falschem Mindesthaltbarkeitsdatum als Betrug. Bei Gesundheitsschädigung greife Körperverletzung, meint sie.

Doch diese Paragraphen kommen bei Fleischskandalen bislang so gut wie nie zur Anwendung. Eine Verurteilung wegen Körperverletzung zum Beispiel setzt voraus, dass es ein Opfer gibt. Bei keinem der vielen im Jahr 2005 aufgedeckten Fleischskandale haben sich Opfer zu Wort gemeldet, die durch Gammelfleisch gesundheitlich beeinträchtigt worden wären. Und selbst wenn es die gegeben hätte, hätte lückenlos bewiesen werden müssen, dass die gesundheitliche Beeinträchtigung durch exakt das Produkt des Angeklagten hervorgerufen worden ist. Ein Beweis, der in der Praxis kaum zu führen ist. So bleibt den Strafverfolgungsbehörden am Ende oft nur, einen Verstoß gegen das Lebensmittelrecht nachzuweisen. Und hier ist der Strafrahmen deutlich geringer. Das 2005 in Kraft getretene Lebensmittel- und Futtermittelgesetzbuch (LFGB) verpflichtet Produzenten, bei Lebensmitteln, Futtermitteln, kosmetischen Mitteln und Bedarfsgegenständen den Schutz der Verbraucherinnen und Verbraucher durch Vorbeugung gegen eine oder Abwehr einer Gefahr für die menschliche Gesundheit sicherzustellen. Verstöße dagegen, wie etwa das Inverkehrbringen von vergammeltem Fleisch, ahndet das Gesetz mit Geldstrafen oder Freiheitsstrafen bis maximal drei Jahren. Verstöße gegen die Kennzeichnungspflicht können mit höchstens einem Jahr Freiheitsstrafe geahndet werden. Die Oldenburger Staatsanwaltschaft hält diese Strafandrohung für zu niedrig. Schon ein einfacher Diebstahl könne mit bis zu fünf Jahren geahndet werden. Verglichen damit sei die »Wertigkeit der Strafen im Lebensmittelbereich, derzeit zu gering«, heißt es in der Stellungnahme zum 15-Punkte-Plan der Landesregierung in Nordrhein-Westfalen.

Problematisch seien auch nicht die Lücken im Strafrecht, sondern die Beweisführung: So müssen die Strafverfolger das persönliche Verschulden einer einzelnen Person nachweisen. Das eigentliche Unternehmen hat keine strafrechtliche Verantwortung: »Häufig scheinen die wirklichen Verantwortlichen die Verantwortung auf untergeordnete Mitarbeiter abzuschieben, um die Geldstrafen wegen des geringeren Einkommens niedrig zu halten«, heißt es in der Stellungnahme der Staatsanwaltschaft Oldenburg.

So verwundert es kaum, dass die Höhe der Strafen bei Delikten in der Fleischbranche meistens eher gering ausfällt. Dazu kommt, dass Staatsanwaltschaften wie die Oldenburger, in deren Bereich die meisten Fleischskandale fallen, hoffnungslos überlastet sind. 40 Großverfahren bearbeitet Bernard Südbeck gleichzeitig. Hinzu kommen Hunderte von kleineren Verstößen, die ebenfalls über seinen Schreibtisch gehen. Bernard Südbeck räumt offen ein, er habe überhaupt nicht mehr die Zeit, Gerichtsverfahren zu führen: »Die Verfahren werden immer komplexer. Gerade bei Wirtschaftsstrafsachen, bei denen mehrere Länder beteiligt sind, können gegnerische Anwälte das Verfahren ewig in die Länge ziehen. Dann bekommt man irgendwann ein Problem. Manche Anwälte haben sich darauf spezialisiert, Verfahren über Jahre auszudehnen, bis entweder Verjährung eintritt oder die Richter schon auf Grund der Verfahrensdauer milde Urteile sprechen müssen. Der Trend geht deshalb eindeutig zur Verständigung.« Die Folge: Die Staatsanwälte versuchen Verfahren so schnell wie möglich abzuarbeiten. »Wir sind oft gezwungen, Deals auszuhandeln, was dann manchmal zu bedenklich niedrigen Strafen führt«, räumt Südbeck ein.

Das Verfahren etwa gegen den Subunternehmer Ingolf Röschmann wegen illegaler Beschäftigung von rund 50 Rumänen wird ihm nach Stand Juni 2006 aller Voraussicht nach höchstens ein Jahr Freiheitsstrafe auf Bewährung einbringen. Zudem muss er 400 000 Euro an vorenthaltenen Sozialbeiträgen nachzahlen. Das Ermittlungsverfahren gegen ihn wegen der gefälschten Staatsbürgerschaften und Gesundheitszeugnisse wurde inzwischen ganz eingestellt. Für diese Vergehen muss sich nun allein sein inzwischen entlassener Mitarbeiter Janush B. verantworten. Eine Mittäterschaft von Ingolf Röschmann konnte nicht nachgewiesen werden. Dass es de facto seine Leute waren, die mit den gefälschten Papieren ausgestattet waren, genügt eben nicht, um ihn deshalb auch strafrechtlich zur Rechenschaft zu ziehen.

Auch das Verfahren gegen Bünnemeyer will die Oldenburger Staatsanwaltschaft ohne Hauptverhandlung abschließen. Sie hat dem Besitzer des Betriebes deshalb ein Angebot gemacht: sechs Monate auf Bewährung und eine Geldstrafe in Höhe von 12 000 Euro. Gemessen an der öffentlichen Empörung, die der Fall ausgelöst hat, und der politischen Forderung nach abschreckenden Strafen, erscheint die Forderung der Staatsanwaltschaft bescheiden. Doch statt sich darauf einzulassen, pokert die Gegenseite. Am 19. Juni 2006 erklärt der Inhaber der Firma gegenüber dem Autor: »Das kann ich nicht akzeptieren. Ich habe mir nichts zuschulden kommen lassen. Wir werden jetzt in die Hauptverhandlung gehen.« Bünnemeyer rechnet offenbar damit, dann noch glimpflicher davon zu kommen.

Auch die Vorstände von Westfleisch, gegen die die Bielefelder Staatsanwaltschaft wegen illegaler Beschäftigung ermittelte, müssen weit weniger zahlen, als aufgrund der Vorwürfe zu erwarten war. Das Verfahren gegen die zwölf

Vorstände wird gegen Geldauflagen zwischen 2000 und 50 000 Euro eingestellt. Für den offenbar illegalen Einsatz von 170 Rumänen muss der Konzern 2,4 Millionen Euro Sozialversicherung nachzahlen. Das dürfte bestenfalls ein Bruchteil der Summe sein, die Westfleisch im Lauf der Jahre mit Hilfe dubioser Subunternehmer eingespart hat. Doch auch hier blieb der Staatsanwaltschaft nichts anderes übrig, als auf einen Deal zu setzen. Ein Sprecher der Bielefelder Staatsanwaltschaft räumt offen ein: »Ohne Zusammenarbeit und Geständnisse hätten wir den Sachverhalt nicht aufklären können.« Die Kooperationsbereitschaft wurde dann mit milden Strafen belohnt.

Mit Geldstrafen kamen auch die Mitarbeiter der Firma Stöver davon, denen die Staatsanwaltschaft Oldenburg zur Last gelegt hatte, Anweisung zum Umverpacken von vergammeltem Fleisch gegeben zu haben.

Allein diese Fälle zeigen, wie realitätsfern die vollmundig vorgetragenen Forderungen nach harten Strafen oft sind: So wünschenswert es manchem Politiker erscheint, Verbrecher aus der Fleischbranche hinter Gittern zu sehen, so schwierig ist es im Einzelfall, den eigentlich Verantwortlichen schwere Straftaten nachzuweisen. Schon die Strukturen in der Fleischwirtschaft begünstigen oft kriminelle Machenschaften. In einer Branche, die inzwischen in großem Stil mit Subunternehmern arbeitet, können sich Geschäftsführer oder Firmeninhaber leicht aus der Verantwortung stehlen. Für Straftaten ist im Zweifelsfall der Subunternehmer verantwortlich oder dessen Personal. Die Gewerkschaft NGG fordert deshalb eine Organhaftung für Unternehmer: Die Verantwortung der Fabrikanten dürfe sich nicht darauf beschränken, die Verantwortung auf bestimmte Personen abzuschieben: »Genauso wie eine natürliche Person für ihre eigenen Handlungen einzustehen hat, muss die juristische Person für die gesetzlichen Verletzungen ihrer gesetzlichen Vertreter einstehen. Der Betriebsinhaber oder die ihm gleichgestellten Personen dürfen sich nicht darauf berufen, bei der Auswahl der Vertreter und der Übertragung der Verantwortlichkeiten die erforderliche Sorgfalt beachtet zu haben«, fordert die Gewerkschaft in einer Stellungnahme zum 15-Punkte-Plan aus Nordrhein-Westfalen.

Gegen die Angst – besserer Informantenschutz

Zudem müsse dringend der Informantenschutz verbessert werden, zumal die meisten Hinweise über Gesetzesverstöße aus dem Kreis der Beschäftigten kämen. Wie schlecht in Deutschland Arbeitnehmer geschützt sind, die auf Missstände innerhalb ihres Betriebes aufmerksam machen, zeigt das Beispiel der Firma Disselhoff in Brandenburg. Mitarbeitern, die öffentlich Missstände angeprangert hatten, wurde gekündigt. Selbst der Kühlhausleiter, der den Dienstweg einhielt und sich an die Veterinärbehörde gewandt hatte, hat inzwischen seinen Job verloren. Die Gewerkschaft NGG fordert deshalb, dass so genannte Whistleblower gesetzlich besser gestellt werden als bisher: »In Anlehnung an entsprechende Gesetze in Großbritannien und den USA muss solch ein Informantengesetz im Wesentlichen beinhalten: die Wahrung der Anonymität des Hinweisgebers, einen materiellen Ausgleich (Schadensersatz, Anwaltskosten, Lohnfortzahlung) und den gesetzlichen Anspruch auf Weiterbeschäftigung. Zudem: Kündigungsschutz für ein Jahr, um den Informanten vor nachträglichen Vergeltungsaktionen zu schützen.«

In der Fleischbranche herrsche seit Jahren ein Klima der Angst: Gerade die osteuropäischen Arbeiter unterlägen einem »drastischen Repressions- und Einschüchterungssystem«, schreibt die Gewerkschaft NGG in ihrer Stellungnahme. »Die ArbeitnehmerInnen werden sorgfältig von der Außenwelt abgeschottet, zum Teil werden ihnen die Pässe abgenommen. Oftmals erschweren Sprachbarrieren die Kontaktaufnahme mit Dritten. Im Falle einer Kontaktaufnahme oder vorgetragener Kritik werden die Arbeitnehmer von ihren Arbeitgebern oftmals in die Heimat zurückgeschickt. Aussagen befragter Werkvertragsarbeitnehmer bestätigen Fälle, in denen Betroffene zur Ausreise gezwungen waren, die nichts weiter gemacht hatten, als auf die Einhaltung arbeitsvertraglicher Regelungen zu bestehen.«

Der Oldenburger Gewerkschaftssekretär Matthias Brümmer, der sich seit Jahren mit kriminellen Machenschaften in der Branche auseinandersetzt, hält die Subunternehmerstrukturen für das Kernproblem der Branche: »In der Fleischbranche gibt es leider viel zu viel kriminelle Energie. Es beginnt immer mit dem Einsatz von illegalen Arbeitskräften aus Osteuropa, die hier a) ausgebeutet werden, b) auch überhaupt nicht geschult werden, die wissen meist überhaupt nicht, wie man mit Hygiene umgeht oder auch mit der Personalhygiene. Das endet dann oft im Umetikettieren oder Aufhübschen von Waren. Und das geschieht dann auch teilweise mit osteuropäischen Arbeitskollegen, weil man davor Angst hat, dass die Inländer, die hier leben, letztlich auch Verbraucher sind und über diese Geschichten dann erzählen.«

Zu einer ähnlichen Einschätzung kommt auch die Oldenburger Staatsanwaltschaft in ihrer Stellungnahme: »Arbeiter von Subunternehmern, insbesondere osteuropäischer Firmen, werden nach Erfahrungen zahlreicher Ermittlungsverfahren stark ausgebeutet. Sie identifizieren sich weder mit dem Lebensmittelhersteller noch mit dessen Produkt. Die Kenntnisse der Lebensmittelhygiene sind mangelhaft. Bescheinigungen nach dem Infektionsschutzgesetz werden gefälscht, um auch die einfachsten Belehrungskurse zu umgehen. Der hohe Arbeitsdruck mit Arbeitszeiten von 12 bis 18 Stunden täglich bei Stundenlöhnen zwischen 1,50 Euro und 4 Euro führt nach hiesigen Erfahrungen zu erheblichen Hygienemängeln. Diese werden besonders auch dadurch hervorgerufen, dass die Arbeiter häufig in völlig verwahrlosten Sammelunterkünften ohne nennenswerte Sanitäranlagen untergebracht werden. Festangestellte, gut ausgebildete, firmeneigene Mitarbeiter identifizieren sich in der Regel mit Produkt und Unternehmen.«

Aus Sicht der Staatsanwaltschaft kann es vor dem Hintergrund solcher Erfahrungen nur eine Konsequenz geben, sie fordert: »Der Einsatz firmenfremder Subunternehmer in der Schlachtung und Zerlegung sollte vollständig untersagt werden.« Die Umsetzung dieser Forderung käme einer kleinen Revolution in der Branche gleich. Wohl auch deshalb steht sie trotz aller Skandale nicht auf der Tagesordnung der Politik. Dabei fordert die Staatsanwaltschaft nur, was in anderen Branchen eine Selbstverständlichkeit ist: Nämlich, dass ein Unternehmen verpflichtet ist, seine Arbeiter anzustellen. Doch derzeit ist noch nicht einmal die Opposition im nordrhein-westfälischen Landtag bereit, der Fleischbranche abzuverlangen, auf ihre oft dubiosen Subunternehmer ganz zu verzichten. »Wer Gammelfleisch verhindern will, muss für faire Arbeitsbedingungen sorgen«, erklärte die umweltpolitische Sprecherin der SPD-Landtagsfraktion Svenja Schulte anlässlich einer Anhörung zu den aktuellen Fleischskandalen. Gutes Fleisch könne nur von Fachkräften produziert werden. »Der vermehrte Einsatz von oftmals illegal eingesetzten Arbeitskräften führt zwangsläufig zu Hygieneproblemen«, betonte die Abgeordnete. Die Konsequenz aus dieser mit Verve vorgetragenen Erkenntnis ist aber nicht etwa, dass die Fleischunternehmer verpflichtet werden sollen, ihr Personal fest anzustellen: Die Abgeordnete forderte die Landesregierung lediglich auf, die illegale Arbeitnehmerüberlassung intensiver und gezielter zu bekämpfen.

Doch gerade der Kampf gegen die illegale Beschäftigung in den Schlachthöfen wird künftig eher noch schwerer: Der Grund ist ein Urteil des europäischen Gerichtshofes vom 26. 1. 2006. Verhandelt wurde der Fall eines belgischen Bauunternehmers, der einen irischen Subunternehmer eingesetzt hatte. Die belgischen Behörden sahen den Bauunternehmer als eigentlichen Arbeitgeber an und forderten von ihm Sozialbeiträge. Der europäische Gerichtshof stellte allerdings fest, dass die belgischen Behörden sich damit zufrieden geben müssen, dass die Arbeiter des Subunternehmers im Heimatland sozialversichert sind. Die so genannten E101-Bescheinigungen, die bestätigen, dass für die Arbeiter im Heimatland Sozialversicherungsbeiträge bezahlt werden, müsse den Behörden genügen. Dieses Urteil hat unabsehbare Folgen auch für deutsche Ermittler. Auch sie müssen sich künftig damit zufrieden geben, wenn ein osteuropäischer Dienstleister E101-Bescheinigungen vorweisen kann. Die Frage, ob der Dienstleister in seinem Heimatland überhaupt einen entsendefähigen Betrieb unterhält, geht demnach deutsche Behörden nichts mehr an.

Vor diesem Hintergrund stellte die Chemnitzer Staatsanwaltschaft ihr Ermittlungsverfahren gegen den slowakischen Dienstleister Eurokart ein, der 60 deutsche Arbeiter aus dem Schlachthof Gausepohl verdrängt hatte. Obwohl das Unternehmen bis zuletzt nicht belegen konnte, dass es einen funktionierenden Betrieb in der Slowakei unterhält, sah die Chemnitzer Staatsanwaltschaft keine rechtliche Handhabe mehr, gegen den dubiosen Dienstleister vorzugehen. Eurokart konnte, so die Staatsanwaltschaft, E101-Bescheinigungen für seine Arbeiter in Deutschland vorlegen. Auf welcher Grundlage das Unternehmen diese bekommen hat, geht deutsche Behörden nach dem Urteil aus Straßburg nichts mehr an. Dem Lohndumping und Menschenhandel unter dem Deckmantel der Dienstleistungsfreiheit ist damit ein weiteres Tor geöffnet. Die Forderung, härter gegen illegale Beschäftigung vorzugehen, geht vor diesem Hintergrund ins Leere.

Die Macht der Verbraucher – wirksamste Waffe gegen den Gammel

17. 3. 2005, ein real,-Markt irgendwo in Deutschland. Es ist ruhiger als sonst in der Fleischabteilung. Die wenigen Kunden, die sich für das Hackfleisch-Kühlregal interessieren, sind eher aus Neugier gekommen als um etwas zu kaufen. »Wer weiß, wie oft sie das schon umgepackt haben!«, meint ein Kunde. Ein anderer fällt ihm ins Wort. »Das Zeug kam mir schon immer so merkwürdig vor.« Viel Fleisch kaufen die Leute heute hier nicht. Die, die doch welches im Wagen haben, werden verwundert angeschaut. Es ist erst wenige Tage her, dass im Fernsehen heimlich gedrehte Bilder zu sehen waren, die zeigten, wie in einer real,-Filiale nach Feierabend Hackfleisch umverpackt wurde und mit neuem Haltbarkeitsdatum einfach wieder in die Regale kam. Die Kassiererin ist es schon leid, auf die Vorfälle angesprochen zu werden: »Bei uns war das doch gar nicht. Wir können doch auch nix dafür«, meint sie entnervt.

22. 3. 2006, Düsseldorf. Ein Jahr später. Es sind schlechte Nachrichten, die die Metro-AG an diesem Tag ihren Aktionären mitteilen muss: Der Gewinn des Unternehmens lag im Jahr 2005 nur bei 649 Millionen. Das bedeutet einen Gewinneinbruch von rund dreißig Prozent im Vergleich zum Vorjahr. Hauptgrund für den Einbruch ist die katastrophale Entwicklung bei real,-. Als einzige Metro-Tochter muss die Einzelhandelskette einen operativen Verlust ausweisen. Der verschärfte Konkurrenzdruck der Discounter ist nur ein Grund für das schlechte Abschneiden von real,-, den anderen

räumt Metro-Vorstandschef Hans-Joachim Körber im Interview mit dem »Manager-Magazin« ein: »Außerdem leiden wir unter einem Vertrauensverlust durch den Qualitätsvorfall.« Anders ausgedrückt, real,- – und damit der gesamte Metro-Konzern – haben die Quittung des Verbrauchers bekommen für den Skandal um umetikettiertes Hackfleisch. Verglichen mit den strafrechtlichen Folgen, die sich eher als Marginalie gestalteten (9000 Euro Geldstrafe für einen Bezirksleiter, ein paar hundert Euro für die Mitarbeiter), war der Imageschaden, den real,- erlitten hat, eine richtige Katastrophe für den Konzern.

Das Beispiel zeigt: Nichts trifft Unternehmen härter als das öffentliche Outing ihrer kriminellen Machenschaften. Verbraucherschützer fordern deshalb seit langem mehr Transparenz über ein Verbraucherinformationsgesetz. Zweimal hatte Bundesverbraucherschutzministerin Renate Künast (Bündnis 90/Die Grünen) versucht, ein solches Gesetz durchzusetzen. Sie scheiterte jedes Mal am Widerstand der Union im Bundesrat. Doch vor dem Hintergrund der Gammelfleischskandale kam Künasts Nachfolger Horst Seehofer (CSU) nicht umhin, das einstmals bekämpfte Vorhaben nun selbst auf den Weg zu bringen. Im November 2005 kündigt Horst Seehofer einen Gesetzentwurf an, der es möglich machen soll, betrügerisch arbeitende Firmen auch öffentlich an den Pranger zu stellen. Er verspreche sich davon eine »präventive Wirkung«. Das geplante Gesetz sei ein »zentraler Baustein zur Vorbeugung und raschen Eindämmung von Lebensmittelskandalen«, heißt es im Entwurf, der seit März 2006 vorliegt: Verbraucher sollen künftig das Recht haben, von Behörden zu erfahren, welche Firmen gegen das Lebensmittelrecht verstoßen. Behörden wiederum bekommen in diesem Gesetzentwurf das Recht, Erzeuger zu nennen, deren Produkte gesundheitsschädlich sind oder in »nicht unerheblichem« Maß gegen die Interessen des Verbraucherschutzes verstoßen. Das klingt erst mal gut, doch die erste Euphorie über Seehofers beherztes Handeln ist inzwischen verflogen.

Tatsächlich enthält der Gesetzentwurf derart viele Einschränkungen, dass kaum ein Betrieb sich ernsthaft Sorgen machen muss, nun öffentlich von Behörden an den Pranger gestellt zu werden. So beschränkt sich der Gesetzentwurf ausschließlich auf Behörden. Betriebe bleiben verschont davon, irgendetwas gegenüber dem Verbraucher preiszugeben. Und auch die Behörden können sich hinter einer ganzen Reihe von Ausnahmeregelungen verschanzen. So besteht der Anspruch der Bürger auf Information ausdrücklich nicht »während der Dauer eines Gerichtsverfahrens, eines strafrechtlichen Ermittlungsverfahrens, eines Disziplinarverfahrens oder eines ordnungswidrigkeitenrechtlichen Verfahrens hinsichtlich der Daten, die Gegenstand des Verfahrens sind.« Mit anderen Worten: Während eine Staatsanwaltschaft, wie im Falle Bünnemeyer, wegen des Einsatzes verbotener Wasserbinder ermittelt, hat der Verbraucher keinerlei Rechte, davon zu erfahren. Erst wenn das Verfahren abgeschlossen ist, sind die Behörden verpflichtet, ihm Auskunft zu geben. Nach diesem Gesetz wüssten die Verbraucher bis heute nichts von den Machenschaften Bünnemeyers. Dasselbe gilt für den Skandal um die Deggendorfer Schlachtabfälle oder die Vorgänge bei Berger-Wild: Mit Hinweis auf laufende Ermittlungsverfahren hätten auch hier die Behörden dicht machen können. In bislang jedem der bekannt gewordenen Skandale waren die Daten, die das Gesetz nun verspricht freizugeben, Gegenstand von Ermittlungsverfahren. Das bedeutet: Der Informationsanspruch der Verbraucher endet immer dann, wenn es eigentlich für ihn interessant wird. Dann nämlich, wenn gegen die betroffene Firma ermittelt wird.

Und selbst wenn dies nicht der Fall ist, bietet der Gesetzentwurf Behörden noch genügend Möglichkeiten, Antworten zu verweigern. Noch verständlich erscheint die Verweigerung der Auskunft, wenn Fragen der Landesverteidigung berührt sind oder die Information selbst »eine erhebliche Gefahr für die öffentliche Sicherheit« verursachen könnte. Das allerdings dürfte bei Fleischskandalen wohl eher selten vorkommen. Doch die Behörden dürfen die Auskunft auch schon dann verweigern, wenn die gewünschten Informationen Betriebs- oder Geschäftsgeheimnisse berühren oder auch nur wettbewerbsrelevante Informationen geben, »die ihrem Wesen nach Betriebsgeheimnissen« gleichkommen. Dieser Passus gibt den Behörden enormen Spielraum für Interpretationen. Muss das Bundesamt für Verbraucherschutz und Lebensmittelsicherheit (BVL) nun endlich die Namen der Firmen preisgeben, bei denen es Hinweise gibt, dass sie mit verbotenen Wasserbindern arbeiten? Vermutlich nicht. Denn die verwendeten Rezepturen würden die Hersteller aller Wahrscheinlichkeit nach zu Betriebsgeheimnissen erklären. Müssen die Behörden nun die Betriebe nennen, die von der Deggendorfer Frost umdeklarierte Schlachtabfälle gekauft haben? Vermutlich auch nicht, denn »wettbewerbsrelevant« wäre diese Information für die Betriebe allemal.

Es scheint, als habe die Industrie ihre Interessen durchgesetzt: In ihrer Stellungnahme zur Ausschussanhörung zum Gesetzentwurf am 29. Mai 2006 hatten die Verbände noch einmal klargestellt, worauf es ihnen vor allem ankommt, nämlich auf »eine praxisgerechte Berücksichtigung betrieblicher Belange.« Die Spitzenverbände der Wirtschaft appellierten an den Gesetzgeber, »bei dem Gesetz sorgsam darauf zu achten, dass sowohl Informationsinteressen der Verbraucher als auch legitime Schutzinteressen der Unternehmen in einem angemessenen Verhältnis zueinander stehen.« Die Verbände räumen zwar ein, dass bei einer Gefährdung die Öffentlichkeit so schnell wie möglich informiert werden müsse, »allerdings dürfen Verbraucher nicht durch verfrühte, ungeprüfte Informationen und Panikmeldungen verunsichert werden.« Individuelle Auskünfte gegenüber Dritten bei nicht abgeschlossenen Verwaltungsverfahren seien »nicht sachgerecht«, da viele behördliche Ermittlungen sich im Nachhinein als unbegründet erweisen würden. »Hier können die Konsequenzen für die Unternehmen existenzgefährdend sein, obwohl das Unternehmen kein Verschulden trifft.« Die Sorgen der Verbände hat Verbraucherschutzminister Horst Seehofer offenbar sehr ernst genommen. Sein Entwurf erfüllt die Forderungen der Industrie eins zu eins.

Seehofers Industriefreundlichkeit geht inzwischen selbst Unionsfreunden zu weit. Der nordrhein-westfälische Verbraucherschutzminister Eckhard Uhlenberg (CDU) fordert, dass Seehofer seinen Entwurf verschärft. »Im Zweifelsfall sollen die Belange der Öffentlichkeit ein höheres Gewicht haben als die Schutzinteressen von Unternehmen«, meint Uhlenberg am 14. Juni 2006 in Düsseldorf. Anträge auf Information dürften nicht allein wegen laufender Verfahren oder behaupteter Betriebsgeheimnisse verweigert werden, fordert Uhlenberg.

Nachwort

Der Verband der Fleischwirtschaft bezeichnet die Fleischskandale des Jahres 2005 als »isolierte Fälle«. Bundesverbraucherschutzminister Horst Seehofer prangert zwar einzelne »schwarze Schafe« an, aber nimmt die Branche in Schutz: »Wir haben keine Anzeichen für mafiöse Strukturen.« Veterinärbehörden, die Skandale in ihrem Zuständigkeitsbereich verschlafen haben, argumentieren: Man könne ja nicht davon ausgehen, dass Betriebe kriminell seien.

Diese Einzelfallrhetorik verstellt den Blick auf die tatsächlichen Verhältnisse in der Fleischbranche. Sie zeichnet ein idealisiertes Bild, in dem es viele Opfer, aber nur eine verschwindend geringe Zahl von Tätern gibt. Doch das Bild stimmt nicht: Kriminelle Handlungsweisen sind in der Fleischbranche viel verbreiteter, als die tatsächlich zahlenmäßig geringe Anzahl von öffentlich wahrgenommenen Skandalen vermuten lässt. Dazu kommt eine Mentalität, die Rechtsbrüche für Kavaliersdelikte hält. Markus Dieterich von der Gewerkschaft NGG bringt es auf den Punkt: »Der Branche fehlt es an Kultur.« Dreistigkeit und Gier haben sich in erschreckendem Maße breit gemacht. Sie wird von Politik und Öffentlichkeit bislang unterschätzt. Dabei gibt es genügend Beispiele: Gegen den Lastruper Unternehmer, dessen Name für einen der Ekel erregendsten Gammelfleischskandale im Herbst 2005 steht, wird erneut ermittelt. Der Grund: Er soll versucht haben, Gammelfleisch, das von den Behörden bereits beschlagnahmt war, trotzdem an seine Kunden auszuliefern.

Auch die bereits wegen illegaler Beschäftigung rechtskräftig verurteilten Geschäftsführer von D&S Fleisch sind erneut ins Visier der Ermittler geraten: Überschreitung von Arbeitszeiten und gravierende Hygienemängel sind es diesmal. Unrechtsbewusstsein? Fehlanzeige. Im Gegenteil: Selbst Verurteilungen bewirken oft keine Verhaltensänderung. Die Akteure leugnen ihre Vergehen oder sie bagatellisieren sie. Sie präsentieren sich gern als Opfer und zeigen auf andere, deren angeblich noch viel schlimmere Machenschaften ungeahndet blieben. Die Einzelfallrhetorik der Politik geht ihren Argumentationsmustern auf den Leim.

Diese Mentalität wird die Politik kaum ändern können. Doch sie muss sie endlich als Realität zur Kenntnis nehmen, will sie erfolgreich gegen kriminelle Machenschaften vorgehen. Doch auf schlagzeilenträchtige Skandale folgte bisher nur öffentlichkeitswirksamer Aktionismus. An den Strukturen, die kriminelle Geschäfte begünstigen, hat sich nichts geändert. Insofern ist es nur eine Frage der Zeit, wann der nächste Fleischskandal aufgedeckt wird. Die Ermittlungen laufen.

Danksagung

Investigative Recherchen wie in der »Fleischmafia« sind nie nur der Erfolg eines einzelnen Autors. Deshalb möchte ich mich an dieser Stelle bei allen bedanken, die meine Arbeit ermöglicht haben. Ohne die Unterstützung der Redaktion von REPORT MAINZ hätten viele der im Buch beschriebenen Missstände nicht aufgedeckt werden können. Deshalb möchte ich mich an dieser Stelle bei meinen Vorgesetzten und Kollegen für das Vertrauen bedanken, dass sie meiner Arbeit stets entgegenbrachten. Sie haben mir die Möglichkeit gegeben, auch Spuren nachzugehen, bei denen nicht immer von vornherein feststand, dass sie zu verwertbaren Ergebnissen führen würden.

Danken möchte ich auch dem Econ-Verlag und meiner Lektorin Gudrun Jänisch für die hervorragende Betreuung dieses nicht immer leicht verdaulichen Stoffes.

Auch meinen zahlreichen Informanten schulde ich Dank. Ohne couragierte Menschen, die bereit sind, etwas zu riskieren, können Missstände nicht aufgeklärt werden. Meine Informanten haben zum Teil viel aufs Spiel gesetzt und manch einer auch handfeste Nachteile in Kauf genommen, weil er nicht länger über Missstände schweigen wollte. Ohne den Mut und Idealismus von Menschen, die sich mir mit ihrem Insiderwissen anvertraut haben, hätten viele der im Buch geschilderten Skandale nicht aufgedeckt werden können.

Besonderen Dank schulde ich auch meiner Frau Clea Buttgereit, die mich zu diesem Buch ermutigt hat und mich in einer für uns beide sehr anstrengenden Zeit immer unterstützt hat.

Der Lebensmittelkompass für den Supermarkt

Birgit Frohn · **Das kommt mir nicht auf den Teller**
Lebensmittel unter der Lupe
320 Seiten · Klappenbroschur
€ [D] 14,95 · € [A] 15,40 · sFr 26,40
ISBN-13: 978-3-430-12938-1 · ISBN-10: 3-430-12938-9

Mit der Produktvielfalt und jedem Lebensmittelskandal steigt der Informationsbedarf und die Verunsicherung der Verbraucher: Was steckt hinter »light« und »fettarm«? Was ist wirklich »bio« und was nur Etikettenschwindel? Was bedeuten die E-Nummern? Brauchen wir »Functional Food«? Was hat es mit den genetisch veränderten Lebensmitteln auf sich? Warum schlagen Diäten oft fehl, obwohl wir uns so kalorienbewusst ernähren?
Antworten darauf serviert dieses Buch. Birgit Frohn hat unsere Nahrung von Aal bis Zitrone genauer unter die Lupe genommen, hilft das Verpackungschinesisch zu entziffern und sorgt für Durchblick an den Lebensmittelregalen.

Econ